為了不被孩子氣死，我成了育兒專家

妳愛孩子有多深，飆罵他們就有多真！最實用的不焦慮養育法

作者——橙子

自序

為了不被親生兒子氣死，我變成了一個育兒專家

我兒子，毛頭，生來就有一種過人的天分——輕而易舉就能把身邊所有人搞到崩潰。

他在嬰兒時期就是個惡魔寶寶，不吃奶、不睡覺、不分白天黑夜地哭鬧，需要時時刻刻被抱著……為了讓自己不致於被他逼瘋，我在新手媽媽階段被迫學習了很多育兒知識，總算摸清了他的某些規律、讀懂了部分需求，也摸索出了很多可以搞定他的辦法，也就有了第一本書《新手媽媽通關指南》。

總算熬過了苦難的嬰兒時期，本以為這孩子長大了、能走會跑了、可以對話應答了，我應該會感到輕鬆一些，但是結果恰恰相反。這屁孩不但無法溝通，脾氣也越來越大，成功地從一個惡魔寶寶晉升為大魔王，讓養育他變成了一件更艱難的事情。

首先，他敏感得令人不可思議。

他的神經細如蛛絲，能清楚地聽見我會忽略的聲音、感受到我毫不在意的震動、察覺到僅有一絲絲不對勁的氣氛。他總是被自己極為敏感的特質折磨著，甚至可以憑空想像出很多並不存在的危險……。

讓他接受一個陌生環境或者陌生人，總是要大費周章。每次帶他出門，無疑是對我的心臟與血壓下戰帖！每當奶奶或外婆來看他，他都要彆扭很多天；每次搬家、轉學，也都要適應很久，晚上也總睡不好。這樣「龜毛」挑剔的孩子，對老母的耐心真是極大挑戰。

然後，他還擅長「一言不合就崩潰」。

上一秒還很開心，下一秒就大哭大鬧的戲碼幾乎天天上演：

水打翻了、衣服髒了、頭髮翹了壓不下去、他說的笑話我沒笑、指甲變得不光滑了、我換髮型了、我誤解他的意思了、轉扭蛋掉下的不是他要的、有個他看不順眼的人和他打招呼了……，一件雞毛蒜皮的小事，可能就會引起一場情緒暴風雨，不分時間、地點，完全沒法預防和阻止，這讓我非常矛盾。

有什麼話不能好好說，非要大鬧一場呢？

最要命的是，他倔到一個讓人生無可戀的程度。

這屁孩幾乎沒有乖乖聽話過，我無法用強迫的方式逼他去做任何事情。吼他一點用都沒有，甚至打也不行，他非但不屈服，反而更激烈反抗。只能用各種方法「算計」他，提前一點點鋪路，讓他感興趣、讓他覺得有道理、讓他認同、讓他慢慢去習慣。如果他實在不願意，我也毫無辦法，最後不得不向他屈服。

有時候我覺得我並不是養了個孩子，而是供奉了某位活佛神明。

養了這麼個古怪孩子，不得不說，我很擔心他的未來。

毛頭的外婆在他三歲的時候飛過來看他，和他相處了兩個月，回國之後打了通電話給我，鄭重地問：「你幫他買保險了嗎？」

我說：「孩子這麼小，不著急吧？」

她說：「早點買比較安心吧！這兩個月相處下來，擔心他將來可能出息不大，要先未雨綢繆啊……。」

我聽了很不是滋味，但又不得不承認外婆說得好像有點道理。這麼彆扭倔強、愛發脾氣、從不聽勸的個性，長大之後要怎麼在社會上走跳啊？會不會招人討厭、被排擠、找不到對象、孤獨終生？

面對這樣的小孩，對父母來說應該是育兒關卡的困難模式了吧！但這屁孩是我親生的，跪著也要養完，有什麼辦法呢？日子還要繼續過，父母的責任還是要做好做滿。

我只好繼續拿起書本，學習如何對付這樣一個有「spirit（性情）」的、「strong willed（個性超強）」的孩子，並試著去弄懂這世上最先進、有效的教育理念：正向教養、親子遊戲互動、有效溝通、情緒引導……身處北美國家的育兒環境中，也讓我的想法和實踐方式有了最佳的參照座標！

書上的理念只是死的文字，可能孩子卻是活生生的，如何把書上的理念用在自家獨一無二的孩子身上，是為人父母最具挑戰性的工作。

我非常溫柔堅定，為什麼他還是不肯屈服？

我們玩互動遊戲，為什麼他還是鬧脾氣不想玩？

我用同理心面對他的情緒，為什麼他還是哭個不停？

我教他冷靜表達情緒，為什麼他還是只會任性發脾氣？

……………

和毛頭相處的時候，我都會被類似的問題困擾。沒有人告訴我答案，我只能繼續摸索著往前走，不斷地犯錯，又不斷地反思和調整，無限循環。一路上，我們共同成長進步，也一起經歷過程中帶來的種種陣痛：衝突與對抗、憤怒和崩潰、堅持或妥協……我經常自我懷疑，也不時感到悔恨和愧疚，有時甚至有股被逼到走投無路的絕望感。

毛頭今年已經九歲了，看著他從那個敏感挑剔又倔強的小小孩，逐漸蛻變成一個友善、好學、自信、開朗、有愛心、懂規矩的小學生，我倍感欣慰地發現，我還是做對了大多數的事情。

如果你也有一個學齡前的倔強孩子，你一定會有很多和我當年一樣的迷茫和矛盾：

孩子犯錯了要怎麼辦？要嚴厲懲罰，還是好好講道理？

孩子大發脾氣要怎麼辦？是親親抱抱，還是冷處理？

孩子不聽話要怎麼辦？要順他心意，還是和他硬戰到底？

怎麼讓孩子養成好習慣？不吼不打能做到嗎？

…………

對於這些困惑，相信你都可以從這本書裡找到一個最簡單、最可行、最接地氣的答案。作為成功養大了一個「宇宙超級無敵倔孩子」的「過來人」，橙子這裡沒有「心靈雞湯」，只有從數千個日日夜夜親身帶小孩的實戰經驗中，總結出來的實用技巧。

願這本書可以幫助和我有相同經歷的你，讓你在育兒路上擁有更多信心、更多力量。

目錄

CONTENTS

第3章

×培養學習力，讓學習成為一件自然而然的事

CONTENTS

第4章
×家庭教育是孩子人格養成的基石

第5章

×放下焦慮，做有自信的媽媽

第6章

×對於多元的教育觀念，我有自己的堅持

CONTENTS

第1章

習慣養成：讓孩子主動合作

管教孩子有一個前提，就是孩子要在內心「認同」你，和你有足夠的感情基礎。

想讓孩子改掉壞習慣，先放下家長的架子

我的閨密昨天很鬱悶！

不，準確地說，她已經為這件事心煩一年多了，昨天已經臨近崩潰狀態。什麼事呢？很簡單，她兒子有咬嘴唇的習慣，從出生五個多月開始到現在快兩歲了，沒事就咬、睏了累了無聊了也咬，最後嘴唇都咬腫了也停不下來。

試過所有媽媽界裡流傳的各種制止法：平心靜氣提醒、講道理、多讚美、轉移注意力、儘量不讓孩子閒著、用玩具哄騙⋯等等，全都沒有用，依然咬。

她曾經很激動地問我：「打，行不行？」

她本身也是個崇尚科學育兒、尊重孩子發展的媽媽，能讓她問出這句話來，可見已經焦躁成什麼樣子。她昨天和我說，她因為這件事失去了很多，只要母子倆在一起，

就忍不住不停地提醒、制止兒子，搞得兒子都不喜歡親近她了。而最令人沮喪的是，付出這麼多代價，孩子的毛病依然沒有改善的跡象。

我的讀者中也不乏這種急於想讓孩子改掉壞習慣的焦慮媽媽。但這就是小孩啊，有各種壞習慣：吃手指、尿褲子、愛發脾氣、愛打人、需要哄睡……等等。

媽媽們紛紛表示，能想到的辦法都用了，每天弄得精疲力竭，效果卻極為有限。即使出手打了的當下會收斂，過沒多久又故態復萌，簡直沒轍了。當然，不論讓孩子改掉這其中哪一種壞習慣，我都可以講出一堆應對辦法。但是，我今天要講的不是具體的技術問題，而是媽媽們面對這些狀況時的心態問題。

讓我們想一想，如果真的把幫孩子改掉壞毛病比喻成一場戰爭，那麼交戰的雙方應該是誰呢？

在傳統教育模式下長大的我們憑直覺認為，對戰雙方是英明神武的家長和不聽話的熊孩子。身為大人的我們需要不停地指出孩子的錯誤，並且用各種方式制止所有壞行為，才能幫助他們改掉毛病。當你這麼想的時候，你就會不知不覺地變成警察，孩子則變成了現行犯。你覺得警察和現行犯的關係能好得了嗎？現行犯又真的會因為警察要抓他而不去做壞事嗎？

答案是否定的吧！現行犯會躲避警察，然後在做壞事的時候更加有打破禁忌的快感。用這種傳統的「警匪模式」幫孩子導正行為，耗盡精力卻很難奏效，是因為我們根本就弄錯了敵人。敵人永遠不應該是自己的孩子。如果不想讓孩子也把我們當成敵人的話，在這場戰爭中，**我們需要對抗的是孩子的壞習慣，而不是孩子本身。**

我們要做孩子的戰友，並肩作戰，一起去戰勝一個難纏的怪獸。改掉一個長期的壞習慣，無論對大人還是孩子來說，都是不容易的。在這個過程中，**如果我們只是居高臨下地擺起家長架子，去糾正、制止孩子，反而轉移了焦點。你的對立態度會讓孩子認為不能做這件事是因為爸爸媽媽不喜歡，而不會從內心認為做這件事本身是不對的。**

如果孩子心裡壓根就不想改善，只是單純躲避你的「追殺」，又怎麼可能改掉毛病呢？當他們的戰友，避免陷入無休止的意氣之爭，才會讓事情的焦點回到壞習慣本身，孩子內心才會產生真正的動力去改變自己的行為。

只需要換個角度，你的想法和態度就會有很大的變化。

對待敵人，你無論怎麼隱忍、怎麼想保持風度，都不可能有什麼好情緒。緊張、焦慮、挫敗、憤怒會不斷消磨你的耐心，讓你特別容易失控、悲觀絕望、喪失意志；

對待戰友，內心則會充滿溫柔。當他失敗了，你只會心疼並安慰他不要灰心，然後一起商量對策，下次再戰。當他小有勝利時，你自然會歡喜雀躍，鼓勵表揚。

當年進行毛頭如廁訓練的時候，我異常辛苦。明明他已經可以控制自己的大小便了，但就是「事故」不斷，一天沒來個三、五次不罷休。有時候已經憋得滿屋子亂跑，也拒絕用兒童便座，氣得我頭昏腦脹。美國的公寓都是鋪地毯的，一旦弄髒，特別難洗。這種狀況持續了兩周，終於有一次，我耐心耗盡，崩潰了，一邊大哭一邊沖著髒兮兮的毛頭，忍不住使勁大吼，而他嚇得大哭，事後我特別內疚後悔。

那天夜裡，我看了許多關於如廁訓練的資料，也好好調整自己的情緒，讓自己從另一個角度來分析這件事情。其實，毛頭尿褲子的時候是很害怕、很內疚的，每次都會一邊哭一邊偷瞄我，因為他知道媽媽會生氣。就是因為有這種恐懼，他為了逃避這種感覺，所以一直憋著，直到憋不住為止。

之後我再也不緊迫盯人，不再一直問他要不要上廁所、也不再為他尿褲子發脾氣，反而安慰他，告訴他不要緊：「媽媽沒有生氣，下次記得說出來，讓媽媽幫你就好了。」然後，神奇的事情發生了，「事故」的頻率不斷降低，一周之後就不再出現了。雖然後來這種頻繁尿褲子的情況又反覆出現過幾次，但我發現，只要用幫助他的心態去應對，不到三天，他就會恢復正常；一旦我沒忍住脾氣，這樣的行為就會再次上演。

站在孩子的對立面，你只能看到孩子犯錯不聽話；與之同側，你才會看到他們的脆弱和掙扎。現在所有的新式教養方式，包括尊重孩子的感受、PET[1]情緒管理、和孩子感同身受等等，都是建立在「和孩子站在同一側」的基礎上。

如果你內心依然覺得自己是「家長」，是來糾正修理孩子的，那麼無論你採用了多麼科學的方法，都是只得皮毛不得精髓，可能還真沒有直接呼巴掌有效。身為現代父母，不光要有新的方法，也要能真正擺脫從原生家庭繼承下來的心態。做到發自內心地尊重孩子、把他當成一個獨立的個體來對待，新方法才能奏效。如果孩子在你眼裡渾身都是壞習慣，那就是我們該好好檢討自己的時候了。

1　Parent Effectiveness Training（父母效能訓練），美國心理學家托馬斯·戈登博士創立的父母教育類課程。——編者註

家長學著放手，孩子更能分床睡

如果你家有個入睡困難的小孩，每天需要陪睡，那真是一件非常令人痛苦的事情。沒經歷過的人很難懂，人就躺在床上，全身卻無法放鬆，想睡卻總被吵醒，小屁孩一會兒找你說話、一會兒要你摸摸抱抱、一會兒又要在你身上滾來滾去。想醒著，等他睡了做些自己的事情，卻需要很強的意志力，什麼事都不能做，連翻個身都不太敢，經常最後撐不住，和屁孩一起睡著了。

這樣和孩子同步作息的日子，過一、兩天可以，時間長了就會讓人感到窒息。就好像待在一座無形的監獄中，沒有娛樂、沒有放鬆、沒有自我，以及沒有性生活……嚴重影響身心健康。

聽說全世界都欠陪睡的媽媽一個擁抱。這話不對，擁抱哪裡夠，是欠我們一個假期和一個心理醫生還差不多！

於是，很多陪睡的媽媽經常控制不住自己的情緒，陪睡時間一長，就焦躁不安，最後經常吼或揍，才有辦法讓孩子上床睡覺。看著他哭哭啼啼地入睡，自己也很後悔，但是第二天依然會發火，陷入惡性循環。

有些媽媽說，小孩晚上九點上床，折騰到十一點還是睡不著，簡直讓人崩潰。睡個覺而已，為什麼就這麼難？我已經盡力陪著了，為什麼還是睡不好呢？

問題就出在這裡，很多孩子之所以難以入睡，就是因為有媽媽陪。

陪著就難免會有各種互動，影響睡意

想像一下，你晚上躺在床上滑手機，疲倦又死不想睡的感覺吧。孩子躺在床上也一樣，而你就是他的手機。媽媽躺在孩子旁邊對他來說就是一種娛樂誘惑，而且他不像你，要考慮第二天上班是否起得來，屁孩第二天又沒有什麼事情，只想拉著你「嗨整晚」！媽媽躺著不動是嗎？我就戳戳臉、挖挖眼睛，看你多能忍。找個理由呢？媽媽平時好像對上廁所、喝水、看書這種事情非常鼓勵啊，現在一個一個試試看吧！反正不想睡的孩子會把你的底線踩一遍，確認你真的「關機」了或者「爆炸」了，才會罷休。所以，越是沒底線、越是有求必應的大人，陪孩子入睡的時間越長。是人都貪玩，誰要睡覺呢？

「陪睡」反而會讓孩子產生不安全感，不敢入睡

就算你陪孩子睡覺只是單純扮演一個靜態安撫物，堅決不互動，依然沒辦法治好他的「入睡困難症」。除非是那種一閉眼睛就像塊木頭一樣睡整夜的「睡神」。孩子總有一天會發現，自己睡著之後，媽媽會離開。從此之後，即便你陪著他睡，他心裡也會不踏實：「我一睡著，媽媽就可能會走，那我儘量不睡，看著媽媽好了。」

於是，陪睡就變成了「撐著不睡」大賽，你等他睡著想要離開，他等你睡著才踏實，直到有人輸了為止。雖然孩子一般撐不過大人，但他們撐一、兩個小時還是可以的。這段時間，雙方都無比難受啊，何苦呢？

總而言之，陪睡本身有時候是對孩子入睡的打擾，表面上好像不陪不行，但是你會發現，不陪孩子反而睡得多，睡得安穩。

在這方面，我親身經歷，我家毛頭和果果在兩歲左右的時候，都因為環境改變開始要求陪睡。一開始很和諧，睡得很快，五到十分鐘就睡熟了。漸漸地，入睡時間越來越長，經常會出現一個多小時還睡不著的情況。我還不是躺在床上，是坐在床邊陪，還可

以滑個手機解悶。即便如此，也很折磨人，後來還是下決心慢慢戒掉陪睡。雖然來回拉鋸了很長時間，但效果還是很好的，又能恢復到十分鐘之內就睡著了。那麼，對於習慣讓大人陪睡的孩子，如何才能讓孩子戒掉這個習慣呢？以下提供一些「祕訣」：

❶ 裝飾新房間

如果你計劃分房，那就讓孩子參與布置自己臥室的過程，讓他自己挑床單和棉被、枕頭的花色，最好有他最喜歡的動畫人物，譬如「鋼鐵人」、「佩佩豬」床單之類的，這樣會非常吸引孩子。當然，買一張有主題的床就更錦上添花了，譬如男孩子喜歡的賽車床或者女孩喜歡的公主床。還可以用他的照片和繪畫作品布置牆面，買一些他喜歡的傢俱，讓他把自己最喜歡的玩具挪進來，隨便他如何擺放，讓這個房間留下孩子個人喜好的烙印。

布置完房間，孩子肯定很興奮，很想立刻住。這個時候，你不要著急，先忍他幾天，把孩子的興奮點憋到最高，再找一個比較特殊的日子，譬如生日、節日之類的，再開放這個房間。開放之前，孩子可以持續裝飾，他花的心思越多，對這個房間的感情就越深。

❷ 熟悉新的房間和床

新的房間、新的床對孩子是有吸引力的，但是效果有限，很多小孩在自己的房間睡個一、兩晚就膩了，就會無情地拋棄新房間，說什麼都要回到有你的大床上。因為對他們來說，新房間只是「新鮮」，但是不夠「熟悉」，就像飯店再舒服，總讓人少了一份「歸屬感」。所以，你要在與孩子正式分房之前，給他足夠的時間來熟悉自己的新房間，平時要多和他在這裡玩耍、睡午覺。

如果在新房間午睡變得天經地義了，你就可以開始嘗試晚上陪他在新房間睡覺了，他躺在床上，你在旁邊坐著陪。如果他不接受你只是坐在床邊，那你可以打地鋪，表示我會在旁邊陪你睡，讓他放鬆安心。等他非常習慣在新房間裡和媽媽不同床睡覺之後，就可以開始進行下一步——正式「戒陪睡」了。

❸ 暫時離開法和逐漸遠離法

在陪睡的過程中找藉口出去一下，一開始只是出去拿個東西，半分鐘就回來，然後可以是上個廁所、打個電話、洗個澡，總之時間越拖越長，每次陪睡，都藉口離開

二、三次，讓孩子習慣「媽媽會出去」這件事，進而讓他有機會慢慢熟悉自己待在臥室裡的感覺。在間歇性離開的同時，也可以嘗試離他越來越遠。一開始坐在床邊，等他習慣了以後，可以不著痕跡地把椅子往遠處挪一些，習慣了再往遠處挪一些，漸漸坐到門邊陪。一直到最後把椅子挪出房間，坐到走廊上孩子能看到的地方陪。

❹正式不陪睡

當你可以坐在門外陪，孩子也沒意見的時候，那你離成功就只有一步之遙了。下一步，你可以嘗試在孩子隔壁的房間陪，跟他說：「媽媽就和你隔著一道牆而已，你說話我都能聽見，有事可以叫我。」孩子一開始可能會找各式各樣的理由，想把你叫進房間，這個時候屁股要沉一點，能動嘴皮就不要動到腳，儘量及時用言語來安慰孩子：

怎麼了嗎？

喝水嗎？水杯在桌子上。

哦，知道了，明天幫你準備！

就算非要進房間，也要儘快離開。其實那些事都是次要的，孩只是想確認你沒有走掉，會一直在不遠的地方，他在這裡並不是一個人。一般來說，孩子不會一直那麼緊張地叫人，通常折騰個兩、三天，發現媽媽確實一直在隔壁，也就安心了。

這樣，「戒陪睡」就完成了。

當然，之後有可能故態復萌。孩子有時候心情不好，撒嬌想要你陪，你可以先婉拒，然後退一步說：「媽媽只能陪你十分鐘，十分鐘一到，不管你睡不睡，媽媽都會離開房間哦！」比較之下，有陪總比沒陪好，孩子一般是會接受這樣的條件的。或者給他兩張陪睡特權券，告訴他一個月可以有兩次機會，使用時機讓他自己決定，讓他有掌控感，這也是一個很好的方法。

讓家長事半功倍的小妙計

❶ 睡前要有足夠互動

睡覺前，一定要和孩子進行大量密集的親密接觸。抱啊、親啊、蹭啊，最好達到一種讓孩子覺得你太黏人有點煩的程度，這樣他會更加享受自己睡一個房間的清靜感。

有的小孩晚上之所以不願意睡，只是因為捨不得放棄和媽媽在一起的時光，所以在他獨立入睡的時候，要和他進行一段高質量的睡前互動，可以把他從頭親到腳、拉著小手溫柔地說一會兒話、抱著他蹭來蹭去⋯等等，讓他「嫌你煩」，他就不會因為想念你而跑出來了。

❷ 讓孩子帶著喜歡的物品上床

我家果果的大半張床都被她的各種物品佔據了，包括安撫小毯子、各種絨毛玩具、娃娃，甚至好看的盒子、喜歡的書⋯等等。（身邊圍著一圈，她也不嫌翻身會壓到，反正她就喜歡，都要陪著她。）有喜歡的東西陪著，孩子會覺得更有趣味性，也更有安全感。

戒斷過程中可能出現的問題

❶半夜跑來想跟媽媽一起睡怎麼辦？

最好能把小孩抱回去，先讓他喝口水，安撫一下，再帶他回自己房間睡。只是因為三更半夜實在太睏，很難貫徹這一點。若他硬要跟你睡，那也可以，但是要要求他立即睡覺，不能亂動。要守住孩子在自己房間入睡的底線。

孩子慢慢長大，運動量更大，睡得更熟，獨立性也越來越強，半夜跑過來的現象自然會消失。

❷嫉妒弟弟妹妹可以跟媽媽一起睡怎麼辦？

一胎以上的家庭，總是很難讓老大分床、分房睡，因為嫩嬰老二都會整晚睡在媽媽旁邊，要大的自己睡，他會覺得你偏心。其實，只要先和老大說清楚：「弟弟妹妹還小，需要媽媽照顧，你這麼大的時候，媽媽也一直抱著你睡啊。現在你要自己睡，是因為長大了，等弟弟妹妹長大了，也要像你一樣睡自己的小床。」

你還可以給老大看他小時候睡覺的照片和影片，證明媽媽是公平的。我家果果嬰兒時期也和我睡，毛頭自己睡一間，哥哥明白這個道理，並沒有嫉妒妹妹。

❸實在不肯分房睡怎麼辦？

當然了，不排除有死硬派的小孩，無論如何就是不肯分開睡，努力半個月也不見有進展。遇到這種情況，可以等孩子再大一點再試。但是，至少要取得一些階段性的成果。譬如，以前必須躺在床上陪，現在可以坐著陪了；以前走開一步都不行，現在可以暫時離開一、兩分鐘。

只要有一個分離的趨勢，以後可以慢慢擴大戰果。

說了這麼多，橙子不是要勸所有家長都不要陪睡。有些父母陪孩子睡很舒適、很開心，孩子入睡也快，繼續下去也沒什麼問題，不會影響孩子的獨立性。到底要不要繼續陪，主要取決於你自己的感受。如果你覺得陪睡讓你難受、心浮氣躁、總想發火，而且孩子依然入睡困難，那這件事就非常不適合你和孩子了。

當媽媽已經很辛苦了，如果連一點自己的時間都沒有，那就太可憐了，愛孩子，也得愛自己。不陪睡，小孩一樣會和你親近；不陪睡，小孩一樣有安全感。如果你真的因為陪睡而心力交瘁，那就是時候該做出一些改變了。

如何讓害羞內向的孩子，學會和人打招呼？

毛頭7歲了，我終於看到他可以大大方方、自自然然地和老師、朋友說「hello（你好）」和「bye（再見）」了。果果四歲，依然時而能夠開口、時而拒絕，就算說了，也還是扭扭捏捏，聲如蚊蚋。但是，他們都比我強，我能夠大方主動開口打招呼的時候，已經十五、十六歲了，而且僅限於對認識的人，才能很自然。

事實上，直到現在，我還是有一點「和陌生人打招呼焦慮症」。迷路的時候，就算走斷腿，也不願意找人問路；逛街的時候，如果店員過來關切我第二次，我就不逛了，只想趕緊離開。剛到美國的時候，因為居住的小鎮民風淳樸、人口又少，就算陌生人在大街上打了照面，也很自然地都要說聲「hello」。本來是挺友好和溫暖的一件事，卻給我增添了許多煩惱，雖然我也可以打招呼，但是總覺得壓力很大，一看到對面有人走來就緊張，經常為此改變行走路線。

作為一個輕度「社交恐懼症」患者，我覺得自己根本就沒資格要求孩子和人「熱情地打招呼」，因為這件事在我整個童年裡一次都沒有成功實現過。

我媽從一開始耐心地教、仔細地講道理、到煩躁地抱怨、再到嚴厲地訓斥，甚至動手打我，我就一直死不開口。最後她黔驢技窮，終於來了招狠的，大冬天的讓我站在街上，去找陌生人問時間，做不到就不許我回家。於是我就站在大街上哭了一個多小時，凍得手腳都沒有知覺了，依然無法做到，最後我媽也沒輒，就讓我回家了。

問時間這麼可怕的事情，別說讓我風吹雨淋，就算是餓我幾餐，我都不會去做。張嘴打個招呼而已，為什麼就能搞得和赴死一樣？我媽這種外向型的人，可能永遠都無法理解一個內向慢熟的孩子內心的痛苦。對一個內向的孩子來說，和一個親近熟悉的人互動，其實就要耗費很多精神；而主動和一個自己不熟悉的人說話，這簡直是越級打怪了。

因為內向的人關注的是內心世界，只有對走入他們內心世界的人、事、物，才會採取主動姿態。所以內向的孩子在熟悉的環境中和親近的人相處，會更加輕鬆自在；

面對不太熟悉的人，他們首先會感到緊張、充滿壓力。等經過一段時間的觀察和相處之後，變得熟悉了，才會敞開心扉，願意交流。

需要多長時間呢？時間會隨著孩子年齡的增長而減少，一、二歲的孩子可能需要一、二個小時，上小學的孩子可能只需要幾分鐘。問題是，父母基本上等不了這麼久，總期待小孩在見到對方的兩秒鐘之內就打招呼，如果做不到，就開始「扣帽子」、「貼標籤」，這就造成他更大的壓力，讓他更加受挫、更膽怯。

我記得小時候每次碰到媽媽的熟人，我都還沒做好心理建設，我媽就已經開始抱怨我「不懂事」、「不知道要叫人」、「教了多少遍還是一樣」。她一抱怨完，我反而覺得解脫了，反正已經被「定罪」了，就直接不開口了，這樣我還更舒服一些！

正因為自己經歷過這些，當我家二歲的毛頭對笑著和他打招呼的老奶奶翻白眼兒的時候，我雖然覺得自己的老臉都被他丟盡了，還是忍住了想訓他一頓的念頭，面帶歉意地和老奶奶說：「我家小孩較內向，需要時間，以後熟了就好了。」雖然要求內向的小孩對陌生人熱情有點強人所難，不期待他能和陌生人侃侃而談，但至少說句「hello」和「bye」還是應該的，總不能讓他一直對人翻白眼啊！

於是我開始艱難的嘗試，摸索出了一套針對內向孩子的「禮儀訓練法」，共有四個階段，下面分享給大家：

❶ 先不要求孩子主動打招呼，只要求保持微笑

如果不想回答對方的問題，笑笑就好。如果可以做到這一點了，就進行下一步。

❷ 教孩子說「拜拜」

從見面到分別的時候，孩子已經和對方稍微熟悉一些了，說「拜拜」壓力會更小一些。如果說不出來，可以讓他用肢體語言來表達，譬如揮手。每次都要求他說「拜拜」，並且給他一分鐘時間，實在不肯說，再讓他用揮手代替。如果可以做到大聲說出口了，就進行下一步。

❸ 教孩子微笑著並一邊揮手說「嗨」

就這樣簡短的一個音，不複雜又非常容易做到，壓力會比較小。如果連「嗨」也說不出來，那就先學會微笑著揮手。同樣每次都要求孩子開口說，並且給他一分鐘時

間，實在說不出來，就溫柔地和他說：「這次不行，那我們下次再說吧！媽媽相信你下次一定可以做到。」如果能做到說「嗨」了，就可以要求他說更複雜的打招呼用語，譬如「早安」。每次孩子成功開口後，都要記得表揚他。

❹ 教孩子「叫人」

千萬不要期待孩子一夜之間就能學會所有親戚朋友的叫法，這太複雜了，小孩子對不太在乎的人是有臉盲症的。我小時候就永遠分不清我的三個舅舅。所以，先從他每天都能見到的熟人開始，譬如幼稚園老師，要求他在打招呼和告別的時候加上稱呼——「嗨，張老師」、「張老師再見」。學會稱呼老師了，再教一個經常碰到的鄰居或者親戚。從熟悉到陌生，一個一個地教，就越會越多了。當然，多了就容易忘，如果孩子忘了或者叫錯了，要溫柔地提醒他，而不能責怪他或者笑他。

幾件需要注意的事

❶在整個禮儀訓練過程中，做父母的要保護孩子，不要讓別人攻擊他「不懂事」、「不大方」、「不開朗」……等等，要平靜地告訴對方，我們家的小孩性格很好，只是跟你不太熟。這樣可以提升孩子的自信心。

❷平時也不要總貶低孩子的長相，說他皮膚黑、眼睛小之類的，就算你充滿愛意地說，他也會意識到自己的缺點並開始在意，產生自卑感。自卑的孩子在接觸不熟悉的人時，內心戲就會很多，總害怕別人眼裡的自己不夠好，就更難從容去面對。

❸爸媽要做為表率，儘量多找機會將打招呼落實在生活中，哪怕夫妻之間也要多說，讓孩子覺得問好和說再見是一件很自然的事，隨口就說，不需要特別慎重。

❹孩子學會打招呼之後，可能一開始做得很好，過一陣又覺得彆扭，不願意說了。這也很正常，實在不願意就算了，用肢體語言代替就好，過一陣他又會願意的。

這個訓練過程會很長，可能長達數年，中間可能會遭遇很多尷尬情況，確實讓老母很沒面子。但是，比起硬逼他去做，我更傾向於讓他把學習社交禮儀當成人生中的一個小挑戰，「這方面你雖然做得不好，但是沒關係，媽媽可以一點點教你，給你時間和空間，讓你慢慢去克服害羞的心理，這對你來說有點難，但我相信你可以做到。」

願每個害羞內向的孩子都被世界溫柔以待。

怎樣讓孩子在享受快樂的同時，又擁有自控力？

糖果吃多了，會讓孩子嗜甜，造成蛀牙和肥胖，還會增加罹患糖尿病的風險。垃圾零食熱量高、沒營養，吃多了會影響正餐食慾，讓孩子缺乏營養。手機、電視等電子產品看多了，不光會影響視力，還會破壞孩子的專注力。

每當看到這些資訊，很多父母都會暗自下決心：「唉，這些東西壞處這麼多，真不應該縱容他，我要當好父母，做正確的事！」可是，回頭面對孩子懇求的眼神、想到他不被滿足時的哭鬧，又會糾結無比，沒兩下就破功：「好吧好吧！今天吃最後一次／再看最後十分鐘！」然後，當你發現他不肯好好吃飯，或者邊看電視、邊狂揉眼睛的時候，又很想搥自己。

這個世界太邪惡了，為什麼總有那麼多讓人快樂但又危險的東西來勾引孩子呢？很多父母為了讓小孩養成好習慣也是很拼，從來不買零食糖果，也不讓他看任何電子產品，覺得規矩嚴一點，就能控制住他。

但是，孩子不可能永遠生活在父母打造的象牙塔中，他總有一天會從其他管道接觸到這些東西。當他嚐到糖果零食的滋味、體驗到玩電子產品的樂趣，那種致命的誘惑只會反撲得更加厲害。你越是嚴防死守，他只會越動腦筋和你玩各種心機，想方設法地得到他想要的快樂，不惜欺騙父母，甚至偷盜⋯⋯。

橙子從小牙不好，我媽一直禁止我吃任何甜的東西，可是越禁止，我越嗜甜。六歲的時候，為了買糖果，我偷偷把家中存錢筒裡的硬幣挖光一大半，我媽發現後，把我狠打一頓，但我依然無法抑制想要吃糖的慾望，抓住一切機會就想買糖吃。直到成年後，我依然對甜食沒有絲毫抵抗力（人胖是有原因的），每次吃到甜的東西，不光會有口舌上的愉悅感，甚至心理層面也會有一種打破禁忌的快感。

正因為我本身有這個經歷，所以對這個問題也思考了很多，我覺得嚴防死守不讓孩子接觸這些東西是雙輸的做法，不但肯定守不住，還會讓親子關係出現裂痕，甚至會讓孩子產生強烈的心理失衡——「別人可以，我為什麼不行」，最終導致心理問題。

而且，當孩子長大開始社交的時候，這些好吃好玩的東西就成了社交貨幣。譬如說，小朋友的父母分零食糖果，就你家小孩說：「媽媽不準我吃」，是不是顯得有點沒面子？譬如說，所有小朋友都在談論《佩佩豬》、《汪汪隊立大功》，就你家小孩不知道，是不是會感到被排斥？上小學之後，更要靠這些吃喝玩樂的東西來交朋友，水至清則無魚，越是那種「潔身自愛，家教甚嚴」的孩子，越是沒朋友。這對小孩來說也是很殘酷的。

所以，完全不讓孩子接觸肯定是不行的，問題是怎麼做才能讓孩子在感受到快樂的同時，又擁有自控能力？

我自己的兩個小孩長這麼大了，都有自己的小嗜好。毛頭愛玩遊戲、愛吃糖（遺傳這種事情不得不服），但是他們在我適度的提醒下都能節制，幾乎沒有因為這種事吵鬧過。我個人也有一些心得和大家分享。

❶讓成長有儀式感，並制定規則

現在很多孩子都不想長大，為什麼？因為越長大，父母的要求就越多，要學這學那、要自理、要遵守規則、要自己玩⋯聽起來好像沒什麼好處啊！那為什麼不乾脆當個小寶寶呢？所以，我們要讓孩子認同自己是個大孩子，並用更成人化的標準來要求自己，就要讓他感受到長大的好處。譬如，長大了就可以吃一點零食、喝一點飲料、晚一點睡、可以看電視，甚至可以有一些自由支配的零用錢。

孩子每過一個生日（不一定是生日，節日也可以），你就可以正式地宣布一項他的「成長福利」：「你又長大一歲了，從今天開始，你每天可以吃一些點心、看一小時電視。（這個儀式還有個好處，就是在宣布之前，你可以用更人性化的方式拒絕孩子：「你現在不能吃，等你再大一點，再過二個月到三歲就可以吃了。」）

而具體能吃多少點心、看多久電視、在什麼時間、什麼地點可以……等等，這類細節，你需要讓孩子參與討論：「電視雖然很好看，但是看多了對眼睛不好，所以要有所節制」、「你覺得每天上午吃零食的時候看一集《救援小英雄波力》，你可以接受嗎？」如果不能，可以讓他提出自己的意見，最後把討論結果寫在紙上，貼起來。孩子還不認識字也不要緊，重要的是寫在紙上會有一種儀式感，讓孩子覺得這件事很重要。

當然，最終定下規矩的是你，但只要讓孩子參與這個過程，他就會更加認同。制定完規矩的一段日子裡，他會有試探底線的行為，提出「再看最後一分鐘好嗎？」或者任性耍賴哭鬧。你要溫柔地安撫他的情緒，並且堅定地堅持原則，停止哭鬧之後，再給他讀一遍紙上的內容，讓他知道規矩就是規矩，不可以破壞。孩子試探幾次之後，知道底線在哪，以後就會自動遵守了。

❷ 接納孩子的嗜好，並和他分享感受

一切管教的基礎都是和諧的親子關係，只有當孩子喜歡你、依戀你、信任你，和你有足夠的感情聯繫時，他才會從內心深處認同你的想法，你才有可能真正從內在影響他。

如果你只是一個規矩制定者，總是冷冰冰地講大道理、數落人，不停地揮舞懲罰棍子，孩子就算乖乖遵守執行，也是心不甘情不願，一旦逮到機會，就會想反抗。而接納孩子的那些小嗜好，並和他分享從中獲得的快樂和喜悅，就是走進他內心的一條捷徑。

你可能一點都不喜歡吃糖果零食，也可能覺得孩子看的那些電視、玩的那些遊戲簡直「弱智」爆了，但是也不要輕易貶低他的喜好，還是儘量拼一拼演技。讓他和你分享糖果零食，並且裝作很好吃、很感謝他分享的樣子；一起討論卡通情節，並且表現出很感興趣的樣子。讓他覺得你是理解他的，和他是「一國」的，然後他看見你很

有節制，也會有樣學樣的。

❸充分安排孩子的時間，讓他不無聊

大多數時候，那些喜歡零食吃不停、電視轉個沒完的孩子，都是有大把時間無處揮霍。若是家長沒有充分地陪伴、沒有給他足夠的戶外休閒、沒有安排他感興趣的活動，或者沒有注重培養他自我玩耍的能力，那麼待在家裡肯定無聊透頂。想打發時間找樂子的話，那除了看電視和吃東西，他還能做什麼呢？

其實，如果你仔細安排，會發現孩子每天的時間是很有限的。扣除吃飯、睡覺、洗澡、上廁所的時間，剩下的充其量也就六、七個小時，他需要至少二個小時的室外活動、一個小時的親子共讀、一個小時的互動遊戲，剩下的時間你還需要和他玩點益智活動、畫畫、寫字、拼圖、手作等等，還要和爸爸有一定的「家庭時間」，或許還可以培養點藝術或體育方面的興趣愛好……只要你想安排，只會嫌時間不夠啊！孩子每天規律生活，到什麼時間就有什麼樣的事情去做，每分每秒都很充實，就根本沒什麼機會為打發時間而去看電視、吃零食。

❹ 受到尊重、有價值感的孩子才有自制力

我們這樣費盡心機地「管」孩子，最終目的其實是「不管」，我們需要提供孩子足夠適合的環境，讓他能在成長的過程中學會管理自己，學會克制不放縱，這才是「管」的意義。

死板強硬地嚴防死守、緊迫盯人，只會讓孩子喪失自制能力，把所有管理自己的責任推給家長，一旦脫離家長控制，整個生活就會混亂坍塌。你應該見過太多考上大學之後，學習就完全停擺，天天只顧著打電動，連準時睡覺都無法做到的年輕人吧。

那麼，什麼樣的孩子才有自制力呢？當孩子有尊嚴、受到尊重時，會不由自主展現自己的價值感，進而有能力控制自我，他會在不自覺中主動想成長，因為他無法接受自己不好的一面。

反之，如果孩子所處的環境充滿指責和否定、冷漠和嫌棄、功利化的獎懲……等等，他一切行為的驅動力就全都來自外部，內心卻對自己充滿否定。一旦外部力量不夠，就不足以支撐自己的內在心靈，他就會毫無節制地沉迷於某些事物。

所以，在幫孩子定下規矩的時候，一定要充分尊重他，在他熟悉規則之後，儘量設計可以讓他自我管理的方法。譬如：可以把遙控器給他，在節目結束的時候，讓他自己關掉電視；糖果罐子放在開放空間，讓他自己去拿，不要像防賊一樣防他。這種做法其實包含著父母對孩子的信任：你長大了，可以為自己的一部分行為負責了。孩子也會因為得到信任而變得更加有自尊、有自信，這樣的孩子如果真的違反規則，不但不會竊喜，反而會覺得良心不安。

其實，危險的東西又何止糖果和電視，等他再長大些，充滿誘惑的東西只會越來越多：小說、動漫、電動、社交網絡、性、消費物慾、酒精等等。每一種都可能只是無傷大雅的消遣，也有可能會讓人無法控制地沉迷，因而自毀前程。

你防得了一時，卻防不了一世。

那還不如用糖果零食替孩子上自制力的第一課，讓他了解那些「少量很美好，過度則有害」的事物。進而漸漸懂得什麼叫節制、何謂適可而止，最終形成強大的內在驅動力，為他積極充實而有意義的人生奠定基礎。比起獲得「自控力」，相較之下吃點心和看電視的壞處不就更微不足道了，不是嗎？

如何讓總要人抱的孩子，願意自己走路？

育兒界有一個著名定律，叫作「自理矛盾交換律」，意思就是孩子沒有自理能力的時候，哭著喊著要自己來，搞得一團亂；開始能夠自理之後，又跟「殘廢」了一樣，什麼都想要媽媽幫忙。每個孩子學習任何技能，幾乎都逃不過這個鐵律。

趕時間的時候餵他吃飯、穿衣服倒也沒什麼，但能走卻不走、非要人抱就真的是「體能訓練」了。媽媽修煉到能用手臂撐起二歲左右的屁孩已經是極限了，二歲以後就算是「女漢子」，抱著十五公斤的大屁孩超過十分鐘，也會有想要扔出去的衝動。

想當年我也一直被這件事困擾，曾經問過前輩大姐：「熊孩子到底要抱到幾歲啊？」大姐冷笑一聲：「抱到三歲就是極限了，直到重得你真的抱不動了為止，孩子會激發出你最大的潛力。」結果大姐所言不虛，真的是三歲封頂。果果現在都四歲多了，有時候依然耍賴要討抱。孩子在這件事上真是「貪得無厭」啊！

其實，孩子喜歡被抱著也很好理解，這就好比當年我不會開車的時候，天天吵著要學開車，等我真的會開了，三分鐘熱度開了一個多月後，方向盤連碰都不想碰，只要老公在，開車就是他的義務了。

同樣道理！被抱著多爽啊，視野好、不用自己累，還可以跟媽媽親親密密，傻子才要自己走呢，對不對！

所以，想要解放自己快要廢了的老腰和已經練出肌肉的胳膊，逐漸擺脫當「人肉轎子」的悲慘命運，讓孩子下地多走兩步，你還是需要很多「套路」的！真的不要指望屁孩哪天「良心發現」。

其實，想解決這個問題很簡單，說不抱就不抱，等他哭夠了，他就自己走了。但是，這麼做會讓他覺得媽媽不愛我、不在乎我了，進而影響親子關係，也是得不償失的。

你要用金馬獎最佳女主角的演技讓孩子相信：「媽媽當然很愛你，也很想抱你，只是你長大了、太重了，媽媽抱不動你」而已！所以，當他張開小手說「媽媽，抱」的時候，你一定要毫不猶豫地先把他抱起來，充分表達一下愛意，求生意志要夠強！先把屁孩哄高興了，你就可以開始想一些脫身的方法了。

❶ 誇獎不可少，再演個媽媽需要被拯救

哎呀，寶貝~你怎麼長得這麼快，感覺才沒幾天就重了這麼多啊！再過不久，就要比媽媽高了呀！哎呀，寶貝好重啊，媽媽都抱不動了！哎呀，媽媽手好痠，寶貝你願意幫忙自己走嗎？……記住，要領是先誇他長得大、長得快，讓他自我膨脹起來，感覺自己很強大。然後，你開始裝弱小、沒力氣、抱不動、好可憐，配合著喘氣，一副快被壓垮的樣子。這個時候，孩子就會想當小超人，拯救弱小的媽媽！

❷ 設定「目標終點」

「你現在長這麼大了，這麼重，媽媽實在抱不了太久。不然，媽媽抱你走到那棵大樹下面好嗎？」如果孩子不願意，你可以讓一步，訂一個更遠幾步的目標。如果還不願意，你可以再訂一個下次抱起來的目標：「媽媽會牽著你走，到前面路口那裡再抱你一段，你覺得怎麼樣？」好好商量到這種程度，除非孩子太累，否則一般是會答應的。

執行的時候要注意，在把孩子抱到指定目標終點的過程中，不可以表現得過於輕

鬆自如，放下的時候也不要露出一臉如釋重負，好像甩掉了一個麻煩一樣。一定要表現出「哎呀，好重啊，抱不動啊，好不容易才堅持下來」的樣子，引起他的同情。

❸ 降低舒適度

媽媽的懷抱那麼舒服，當然想多待啊！所以，你平時可以留意一下，就算要抱，也要抱得讓孩子不舒服一點。譬如：總是調整姿勢，來回換手、換重心等等，讓他有種被抱得不穩定、不安全的感覺。再譬如：手臂稍稍放鬆一點，這樣摩擦力就會變小，他就會總往下滑，快滑到底了，你再把他抱上來，但是沒一會兒又滑下去了。儘量營造一種「我很想抱，但是心有餘而力不足」的感覺。你在抱孩子的時候，用一些讓他比較難受的抱姿，比如從腋下繞過去抱，時間稍長，他就會覺得腋下有點痛。或者跟他說，媽媽抱不動了，背著好嗎？背著的時候，他自己的手臂要用力，時間長也是挺累的，還不如自己下去走。

反正，當孩子發現被抱著不太舒服的時候，自然就會降低想討抱的意願了。

❹ 換爸爸上場

只要爸爸在場，就說媽媽真的抱不動了，爸爸才有力氣，讓爸爸抱你吧。一般這種力氣的活，老公也不會拒絕。等到老公抱孩子抱多了，孩子也體認到「爸爸比較有力氣，媽媽比較弱」這個邏輯之後，你就可以進行下一步了。

當爸爸不在的時候，屁孩要討抱，你就可以說：「哎呀，爸爸不在啊，媽媽力氣不夠大，抱不了太久哦！」「媽媽力氣不夠大，不能抱你爬樓梯哦！」「媽媽力氣不夠大，不能抱你走太遠哦！」總而言之，家裡的馱獸都是爸爸，媽媽做不來，媽媽是弱者，需要你的幫助！

❺ 轉移注意力

外出散步，嘴不要閒著：「寶貝你看，前面有一些好漂亮的花哦！」「快看，有飛機！」「哎呀，這裡有一群螞蟻，牠們在幹嘛？」「哇，樹上有一隻小鳥！」「消防車，前面有輛消防車開過去啦！」

幫孩子發現走路途中的樂趣，他就不會那麼快感到累，就更願意多走路了。

孩子喜歡被媽媽抱是很正常的，但是如果你隨叫隨到、有求必應，那就不對了。

我曾經看到有小孩都五歲了，還一直被抱著，也是很佩服這位媽媽的毅力。

孩子也是好逸惡勞的，你抱得越多，他越得不到鍛鍊，越走不遠，惡性循環就這樣開始了。所以，別讓孩子把你吃得死死的，在當「人肉轎子」這件事上，你一定不能太縱容，得和他討價還價、鬥智鬥勇，能少抱一步是一步，這樣他才能一次次地挑戰自己的極限，越走越壯、越走越遠！

我記得毛頭兩歲的時候，帶他去爬山，第一次走沒幾步就嫌累，吵著要抱抱，我和他爸就「設計」他，開始一搭一唱，一下帶他看這個、一下看那個，還幫他做了根棍子，讓他邊走邊戳旁邊的草和石頭，不知不覺就走了很遠，看他實在累得不行了才抱一陣子，生拉硬拽爬到了山頂。結果第二次爬山的時候，小子的能力一下子就提高了，一路說說笑笑就爬到了山頂，一次都沒要人抱。第三次，竟然爬得比我都快了。就說屁孩的潛力超乎你想像，只是需要多一份鼓勵，當達到目標的時候，他獲得了成就感及滿足感，那股喜悅比被你抱著還要開心！願媽媽懷裡的小寶貝，都能快快變成小探險家！

管教熊孩子，只靠「講道理」是無效的

經常看到這樣的問題：「孩子多大的時候，要開始制定規矩呢？他現在才一、兩歲，講道理他根本聽不懂啊！」如果你期望用「講道理」的方式立規矩，那麼不論孩子幾歲，這些制定下來的規則都是立不成的。熊孩子是自私自利、自戀的，成人世界的「道理」對他們來說是最虛無飄渺的東西，毫無約束力。有人說，橙子，這不對啊！你以前寫文章可是經常說「要耐心和孩子講道理」，這不是自相矛盾嗎？

是的，和孩子講道理沒毛病，但是想讓孩子聽進去你的道理，你需要給他植入一些「命令」，而這些「命令」是不存在任何道理、不需要任何解釋的。

喜歡科幻的人應該都聽說過阿西莫夫著名的「機器人三定律」：

1 機器人不得傷害人類，或者看到人類受到傷害而袖手旁觀；

2 在不違反第一定律的前提下，機器人必須絕對服從人類給予的任何命令；

3 在不違反第一定律和第二定律的前提下，機器人必須盡力保護自己。

在科幻小說裡，因為機器人的智商太高、能力太強，人類怕被機器人反噬，所以給了它們這三條基本命令，讓它們永遠聽命於人類而又不會傷害人類。因為是基本命令，所以機器人永遠不會去追問「為什麼不能傷害人類」、「為什麼要服從人類」這樣的問題，因而也確定不會產生「造反」、「革命」的想法。這樣，機器人的行為規則就可以依據這三大定律建立起來了。

其實，人類同樣需要這樣的「基本命令」，也就是用「最基本的道德邏輯」，來構建整個道德體系。譬如：孔子道德體系的「基本命令」之一是「仁」，也就是「把人當人，人要去愛人」。孔老夫子講了一輩子道理，講的也只是如何才能做一個「仁」的「君子」，而「為什麼要『仁』」這個問題他可從來沒解釋過，因為這已經是最基本的邏輯了，不需要再質疑。「不努力做到『仁』，那你還配當個人嗎？」

管教孩子，立下規矩，就是教孩子「做個人」，你得替他植入「基本命令」，沒有這層命令，他的道德體系和行為準則就建立不起來。你和他講再多道理，也是雞同鴨講，小時候無法完整表達，不服氣時就發脾氣，長大了會說話了，他就會開始用歪理和你頂嘴。譬如：他亂丟玩具被你罵了。他說：「玩具是我的，為什麼不行？」你說：「這樣丟很快就壞了。」，他說：「壞了再買新的啊。」你說：「沒有人這麼浪費！錢是爸爸媽媽辛苦工作賺來的。」他說：「你們工作賺錢買東西給我，不就是為了讓我高興嗎？我摔玩具就高興，你們為什麼不能滿足我呢？」……

一個人腦子裡缺乏道德體系的「基本命令」，就會這樣，如果無論什麼問題都質疑，那整個道德體系就會瞬間崩塌。

所以，有一些命令，也就是那些天經地義的，不需要討論也無需懷疑的「基本命令」，你要趁孩子懵懵懂懂、完全沒有邏輯的時候，就植入進去：

不可以傷害自己。

不可以傷害、打擾他人。

不可以故意破壞物品。

己所不欲，勿施於人。

只有當孩子腦子裡有了這些指令時，你才能和他講道理。所以，在我剛才舉的例子裡，討論其實只要進行到第二步就可以了：「玩具再摔就壞了，故意破壞東西是不對的！」然後就沒有然後了，討論就可以停止了！就是這麼簡單。

被植入了基本命令的孩子，其實是很好溝通的，他們對生活中絕大多數的事情追問兩句就到底了：

為什麼不能站在椅子上？因為你會跌下來撞到頭，很危險。討論停止。

為什麼不能大聲說話？因為會打擾別人。討論停止。

為什麼不能玩媽媽的手機？因為這是媽媽的東西，你也不喜歡你的東西被別人隨便拿去玩吧？討論停止。

看上去是以理服人，實際上是因為有基本命令在做支撐啊！那麼，要怎麼把這些天經地義的命令植入孩子這台「空機」裡呢？可不是靠嘴巴，而要靠你的行動。

孩子爬到桌子上，抱他下來，告訴他：不行，危險！

孩子亂喊亂叫，抱到沒人的地方，告訴他：不行，會吵到別人！

孩子打人，就地抓走，告訴他：不行，別人會痛！

孩子破壞東西，把東西拿走，告訴他：不行，東西會壞！

用實際行動告訴孩子，你這樣的行為是不對的，是不被社會接受的，孩子才會在各種碰壁中慢慢摸索到界限，知道在這個世界上混下去的基礎規則。當然，你的「基本命令」最好符合某種價值觀，而不是讓他「服從某個人」。譬如說，以前有些父母就把「聽長輩的話」，作為基本邏輯灌輸孩子，這樣就容易使孩子變得不敢表達意見，完全不敢有自己的想法。

所以，要在孩子多大的時候開始制定規矩呢？聽不懂道理行得通嗎？

答案是越早越好，趁著他腦子還一片空白、趁著你對他還有體力上的優勢時。當然，你可能需要先熬過很多的哭鬧、經歷很多和他的搏鬥，但是相信我，你現在不開始，等他聰明到有邏輯的時候，他就只會講「對自己有利的道理」，這時候想再制定規則就真的有難度了！

長大後能被道理說服的孩子，小時候都有「不講道理」的父母。

教訓孩子「打人不對」，不如教他學會溝通

你覺得家裡的寶貝從多大開始就不再「那麼」可愛了呢？我想應該是一歲多吧，因為從那個時候開始，他打人的力道就大得讓人沒法忍受和忽略了⋯所以，這也是為什麼幾乎所有父母都會從孩子一歲多的時候，開始抱怨他們愛打人：「小孩子玩家家酒，從誰那裡學會打人呢？家裡也沒人打過他啊！」然後，父母們會嘗試用各種方式「教育」孩子，大概包括以下幾種：

1 嘮嘮叨叨：喂，告訴你不要打人了，打人不好，被打很痛的啊！

2 吼叫訓斥：怎麼回事？！又打人！都講了一百遍了，太不像話了！

3 執行懲罰：罰站、揍一頓、今晚不許看卡通、不能吃零食⋯等等。

4 以牙還牙：以同樣的角度和力道打回去，讓孩子體驗一下有多疼，看他下次還敢不敢。

一番教訓之後，孩子也哭了不少場，你卻發現，熊孩子沒有什麼變化，依然一言不合就動手，力氣好像還更大了。我管也管了、教也教了，怎麼就依然打人呢？

這不能怪孩子不聽話，因為你只告訴他不能打人，卻沒有教他，再遇到這種事，不打人要怎麼解決啊！

舉個例子，有的小孩喜歡用打人的方式引起別人的注意，想和誰玩就打對方一下，即便他一打人就被家長修理，他依然不知道如果想和對方一起玩，要用什麼樣的方式打招呼才是合適的，那麼下次他還是會這麼做。

同理，想要玩對方玩具的時候、感覺被侵犯的時候⋯當孩子遭遇各種社交困境時，他強烈地想要表達自己的想法，但是他不會說，也不知道怎麼做，「動手」這種最簡單又直接的方式是他唯一的選擇。這才是很多小孩子沒辦法戒掉「打人」這個毛病的原因。

這也是我建議父母，絕對不可以對三歲以下孩子之間的社交放任不管的原因。三歲以下的小孩沒有能力解決複雜的社交問題，你不教他們成人社會的規則，他就只會像小動物一樣，用叢林法則，也就是最原始的暴力來解決糾紛。

所以，想讓孩子不打人，就請你遛他的時候別分心，時時刻刻待在他身邊，看著他的行為、猜他要幹什麼，然後適時做出一些引導。

你喜歡這個小妹妹是不是？我們和她打招呼、握握手好嗎？哦，你想抱抱她嗎？那我們先問問她：「請問可以抱抱嗎？」哦，可以，那抱一抱吧，要輕輕地、很溫柔哦！

你想玩哥哥的玩具嗎？那我們要先問問他：「請問我可以玩一下你的玩具嗎？」哦，你不敢開口嗎？那媽媽幫你問一下吧…嗯，他不想借你玩耶！那我們要怎麼辦呢？想一想，你要不要試試用你的球來換他的玩具呢？哦，他還是不願意呢！那就不能拿喔，那是他的東西，他願意才可以哦！

你想玩滑梯是不是？

來，我們要排隊哦！記不記得故事書裡的小動物們都會排隊，所以我們也要排隊，大家要輪流玩才公平，也會更安全，不會受傷。不要推前面的小朋友，他也在等啊！我知道你很著急，要是不想等，我們可以先玩別的，但是如果你想玩滑梯，就要耐心排隊哦！

你想玩搖搖馬對不對？可是有個姐姐在玩，我們在旁邊等一下吧，等她玩完了，才輪到我們⋯哦，你覺得等太久了！是啊，過了五分鐘了，我們來問一問：「姐姐，請問可以讓我們玩一下嗎？我們可以輪流玩，好嗎？」哦，她不願意呢！是啊，她玩很久了，搖搖馬是大家的，她不應該獨占。雖然她懂事，但我們更懂事啊，不能動手扯人家哦，很危險！我們先到別的地方玩一下吧，說不定她看到我們不想玩了，她也覺得不好玩了，媽媽幫你看著，她一走，就叫你好不好？

雖然這樣做孩子好像沒有獨立性，但獨立的前提是要「學會」啊！如果你的孩子沒有學會任何社交技巧，只知道橫衝直撞，讓他「獨立社交」就等於把一頭小野獸放出籠子，他一定會到處惹禍。

所以，**你要在孩子一開始接觸人群的時候，用示範的方式教他社交技巧及解決問題的方法，他才會知道，當自己遇到問題的時候，可以做什麼。**

不要覺得孩子小不明白，人類是天生的社交動物，學得可快呢！舉個相反的例子，有一種孩子，想玩別人玩具的時候，就使勁喊：「給我玩！不然你就是壞小孩！」他小小年紀，怎麼學會道德綁架的？還不是他父母平時就這麼教他，或者用這種方式幫他拿別人的玩具，潛移默化下就學會了。

當然了，你家寶貝一開始可能不太會聽你的引導，拒絕詢問、拒絕排隊、拒絕等候，或者以迅雷不及掩耳之勢就動手了。

這時候，你就要第一時間控制住他（必要的時候，和對方道歉），然後強行拎他到人比較少的角落。如果他當下情緒比較激動，你就不要說話、抱抱他，直到他平靜下來，能溝通了再動之以情：

我知道你很喜歡那個玩具，很想玩，但那是哥哥的東西，不是你的，我們要先問問人家，媽媽可以幫你問看看，但是如果人家不願意，你不能生氣哦！

如果孩子可以平靜下來，並且能配合你的引導，你記得要誇他聽話、很棒，然後可以讓他繼續玩。如果孩子遲遲無法平復、拒絕溝通，鬧得太久讓你失去了耐心，開始想要吼人揍人了，那就不要再和他廢話，立馬把他拎回家吧。

總而言之，**你要讓小朋友知道：媽媽要教你用得體的方式交朋友，如果你拒絕學習，堅持用野蠻粗魯那一套，那就沒資格了，只能在家待著了！**

每一次去別的小朋友家，或者邀請小朋友到家裡玩，也要堅持這樣的原則，時時刻刻看著他，一旦發現苗頭不對，就第一時間出手干預和引導，不要等到兩個小朋友打得不可開交了才出現。

一般來說，孩子一、二歲的時候，當父母的就是時時刻刻跟在屁股後面善後。情商比較高的孩子，很快就能學會用父母的方式處理問題，慢熱內向型的孩子，實際遇到狀況的機會比較少，也會學得慢一點，但是基本上到了三、四歲，都能學會。

孩子有了社交技巧，並且也知道打人是不被接受的之後，自然就習慣用和平的方式來處理問題了。

當然，小孩子總是容易衝動的，當他情緒非常強烈、憤怒的時候，肯定會忍不住伸手。這時候，要把他帶離現場，給他時間慢慢平靜下來，然後讓他說說為什麼會打人，表示理解之後，鼓勵他去道歉，即便他拒絕，也要帶著他去正式道歉。**要讓孩子知道，雖然你控制不住情緒是有原因的，但是你需要對自己鬧情緒的後果負責。**

你可能會問，這樣一直幫助孩子，會不會讓他在社交上一直依賴你，什麼話都不敢自己說呢?示範過一段時間後，你也可以適時放手，在他身後觀察。如果他自己應付得來，就儘量讓他自己處理，實在不行了，就要打起來了，或者他明確表示需要你幫助，你再幫他。

慢慢地你會發現，需要你幫忙的次數越來越少。一般來說，如果你從孩子一歲多的時候開始教他，三歲之後，和其他小朋友能和平地玩個十多分鐘是沒問題的。年齡越大，能和朋友玩的時間越長。我們毛頭在五歲的時候，可以乖乖地玩一、二個小時，我就能輕鬆喝茶。

女孩一般不愛打人，因為女生在人際溝通方面比男生強，可能比較小的時候就能無師自通，知道如何去處理矛盾了。但是如果你一直不教，孩子情商又不高，那麼可能到了四、五歲，依然習慣用拳頭解決問題。孩子看似霸道，其實也很無助，越是用暴力解決問題的孩子，越是無法學會經營友情，越是容易因為缺乏友情而感到孤獨和痛苦，一點都「沒占到上風」。希望父母們不要縱容孩子隨便打人，這樣他才能感受到交朋友帶來的快樂。

動手打人的問題本質上是社交問題，簡簡單單地告訴孩子「打人不對」是不夠的，要培養孩子的社交能力，讓他學會表達、學會溝通，這樣才能真正地從根本上杜絕問題。這是需要花費很多功夫的。

當然，不是所有動手打人的行為都和社交有關，有些孩子是「胳臂向外彎型」，不打外人只打家人。這種問題處理起來反而簡單一點，如果你能做到每次都堅持底線，這種打自己人的行為很快就會被糾正，半年內就會大大減少。

最後，願小野獸們都學會人類社會的生存規則，早日成長為溫柔又有愛的社交小達人！

「我是不是把孩子慣壞了？」如何區分是包容還是寵溺？

為人父母，總會有自我懷疑的時候：當孩子膽小如鼠，縮在你懷中不敢見人的時候、當孩子達不到目的就大哭打滾，哄半天也沒用的時候、當孩子和你大吼大叫，對你說各種難聽話的時候……。

你是否感到萬分沮喪，甚至開始懷疑人生？我與時俱進，學習最新的育兒理念，儘量溫柔堅定，用相同立場去接納、去理解和尊重孩子，但孩子卻依然是一副頑劣的樣子，不斷製造麻煩也不乖巧。是我做錯了，把他寵壞了嗎？是不是我退回傳統框架，少給孩子笑臉，日常吼一吼、揍一揍，他就能聽話懂事一些了？都知道要去「接納孩子」，但是最後想著想著實在心虛：你說要接納孩子原本的樣子、個性、缺點、情緒，甚至錯誤，可這樣不論是非地全盤皆收，是不是太沒原則了？久而久之，會不會直接寵出一個「熊孩子」來啊？

如果你這麼想，就是沒搞清楚「接納」和「寵溺」的概念：接不接納是一種心態，而不是行為；寵溺慣壞則是一種行為，而不是心態。

這兩點根本不是一個層面上的概念。事實上，在管教孩子這件事情中，心態與行為是不同維度的，把這兩個維度放在一起，可以組合出四種管教風格。

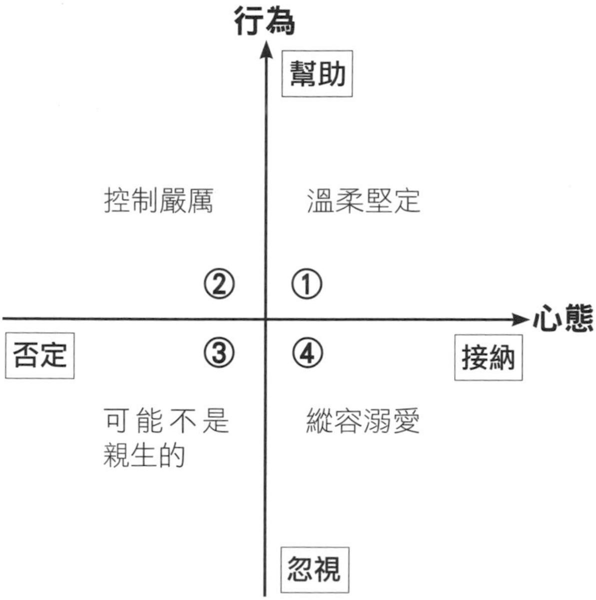

四種管教風格

橫座標軸代表你是否接納孩子的天性：

「接納」是「無條件的愛」——無論你是什麼樣子，爸爸媽媽都愛你；「否定」則是「有條件的愛」——只有你夠好夠優秀，爸爸媽媽才愛你。

縱座標軸代表你對孩子的問題是否採取積極的行動：

積極的管教方式是「幫助」——主動幫助孩子解決他的問題和困難；消極的管教方式是「忽視」——認為一切都是孩子自己的事，對他「放任」、「順其自然」。

這兩個座標軸劃分出四種管教風格，我們在生活中經常能看到。

右上第一象限代表「溫柔堅定型」的父母：這種父母願意接納孩子的不完美，並且積極地用各種方法去幫助他變得更好。他們會堅定地執行自己的管教方針，如果孩子一時沒有進步，也不會因此而責怪他，依然會繼續愛孩子。

左上第二象限代表「控制型」的父母：這種父母不太接納孩子的缺點，對他總是有各種不滿意的地方，但是他們也費盡心思去幫助他改正缺點。但如果孩子沒有按照他們預期的發展，就會非常有情緒，覺得孩子辜負了自己的付出。

右下第四象限代表「縱容溺愛型」的父母：這種父母可以接納孩子的不完美，但是他們容易忽視他身上的問題，即便看到了問題點，也不認為需要干預，而是認為孩子「大了就沒事了」，他現在還小，更要抓緊時間好好寵。

左下第三象限代表「有毒」的父母：這種父母既覺得孩子很差勁，總是數落他，又不願意給予幫助。他們認為孩子這麼差勁都是孩子自己本身的問題。這種父母我想應該是不會來看育兒文章的，這裡就不多說了。

「溫柔堅定」的管教風格當然是最好的，卻也是最難做到的。我們在育兒路上自我學習、精進，就是想要成為這樣的父母。

而最常見的就是「控制型」和「縱容溺愛型」的父母。「控制型」就是那種很傳統又嚴厲的爸媽。不能否定這種父母對孩子的進步有非常好的促進作用，也不會被慣壞。但是這種管教風格也有很大的副作用，因為父母對孩子長期否定和控制，會讓孩子比較容易產生自卑、膽怯，乃至依賴的問題。

而「縱容溺愛型」就是我們常說的那種「熊孩子的父母」了。雖然這種孩子普遍不缺乏自信，但往往是「野蠻」的，比較容易沒規矩，並且以自我為中心，這才是真正被「寵壞」了。**所以，孩子是否被「慣壞」，關鍵不在於你是否「接納」他過多的問題，而是在於你心裡接納孩子之後，在行為上又做了什麼。**

舉個例子，孩子因為雞毛蒜皮的小事亂發脾氣了，你會怎麼做？有的父母是「嚴禁任性」的。他們認為小孩子不應該如此，發脾氣形同犯錯，於是用各種方法懲罰他，讓他學會不可以任性，這種就是典型的「不接納孩子」的作法。長久下來，孩子雖然可能有所改善，但是他會把情緒壓在心裡，進而產生其他心理問題。還好現在的父母，普遍都能明白這是不好的作法。

那什麼叫作「接納孩子」呢？就是你在心態上先有以下的預期：「孩子年紀小，情緒控制不好，一旦失望了，會吵會鬧也是很正常的，不要對他要求太高。」有了這樣一個接納理解的心態，你肯定就不會強硬了。在這種情況下，你依然有兩種選擇：

你可以積極地幫助孩子：安撫他的情緒，穩定之後再和他溝通。藉由讀童書、講道理、玩遊戲教他如何控制情緒；如果他下次還是控制不住，也不能生氣，而要繼續一起努力……。

或者你不懂得如何幫助孩子，只能夠消極迴避問題：忽略孩子的情緒，只是以「讓孩子不哭」為目的，一味轉移他的注意力，用糖果或電子產品哄哄孩子就沒事。

比較過各種處理方式之後，相信諸位父母都有判斷。

總而言之，為人父母，接納、理解、尊重孩子是沒有錯的。孩子也是人，值得被像個人一樣對待，既然是親生的，別再這麼粗魯地只會用「錯了就打屁股」的馴獸法了。應該想一想，**當我們在心態上接納孩子之後，我們的作法是否跟得上心態，我們是否能夠積極切實地幫助孩子。**

學習先進的育兒理念，不能只學一個「接納」就結束，還需要有具體解決問題的「方法論」，這樣才能成為更好的父母啊！

要知道，小孩子每個年齡有不同的問題，永遠不可能是完美的，就算你對他做對了所有事情，也免不了會遇到調皮、不講理、闖禍的事況。但是你要有信心，只要你對他有所要求與期待，並且一直都主動且努力地去教導他，你就是稱職的父母，再溫柔也絕對不會寵壞他。

第2章

平等對話是實現良好親子溝通的不二法門

後來我發現，孩子會做出很多「不聽話」的行為，最終原因是溝通不良，家長根本沒把話說得讓孩子聽得懂，而且容易執行。孩子還沒消化完訊息，家長就開始訓斥，孩子其實是很委屈的。

孩子發脾氣，家長要如何應對？

六月的天，孩子的臉，說變就變——直到當了媽，我才真正理解這句話。

上一刻還綻放出小太陽一樣的耀眼笑容，下一秒就突然電閃雷鳴，大雨傾盆。除了製造高分貝致命噪音，還會打人、亂扔東西、滿地打滾、撞牆撞地板⋯等，做出一系列讓家長想揍扁他的行為。最讓人崩潰的是，你幾乎對他毫無辦法。無論是講道理還是安慰他，他都完全聽不進去；抱他，可能會被推開、被拳頭打到；吼他，很可能鬧得更厲害。更讓人鬱悶的是，他哭得吵得天翻地覆，你很可能還不知道是為了什麼。他好像陷入了一個情緒黑洞，聽不見也看不見任何東西，只是不斷地發洩，直到把身體裡的能量全部消耗殆盡為止。

如果你是一～三歲孩子的父母，對這樣的場景應該不太陌生。不必覺得自己特別倒楣，好像只有自己的小孩才這樣。事實上，絕大多數這個年齡層的幼兒，都有這種無理取鬧到極點的現象。

我家毛頭和果果也經歷過這個階段，差別在於毛頭會鬧幾十分鐘，而妹妹一般只發作個幾分鐘，但吵起來的強度是差不多的，在公共場合一旦「變身」，也一樣讓人生無可戀。

發脾氣發到一種縱情忘我、與世隔絕的狀態，英語裡有個專門的詞，叫作「tantrum（發脾氣）」，一般「好發」在一～三歲的幼兒身上。因為這個年齡層的孩子能聽懂和明白的事情已經很多，但是他們的語言能力卻遠遠跟不上，當心中有情緒，卻無法表達自己的想法和感受，就會失控。

相信遇到這種時刻，你也很難不受影響吧！常會一起掉入情緒深淵吧？

今天就來談談，當孩子進入情緒失控的狀態時，家長應該如何應對。

1、讓自己保持冷靜

首先不要自亂陣腳，讓自己的理智在線是儘快解決問題的關鍵。要知道，你生活中二十%的事情是無法控制的，而剩下的八十%的事其實是由你對那二十%的反應構成的。孩子發脾氣這件事無法控制，但你能控制的是用什麼方法面對這件事。如果你自己都這麼容易失控，還有什麼資格要求孩子呢？

我知道面對一個小怪獸要保持冷靜很難，如果你心情實在很糟糕，想要爆炸，那就最好什麼動作都不要有，因為心中有怒火，無論說什麼、做什麼都是傷人的。如果有條件，可以離開孩子幾分鐘。雖然他可能哭得天都快塌了，但讓你自己的情緒穩定這件事一定要做好。只要忍過那最難熬的幾分鐘，你的理智就會回來了，這時才可以接著下一步行動。

2、想辦法讓孩子平靜下來

當孩子正處於情緒漩渦中的時候，你說的話、講的道理，他是聽不進去的。首先要讓他平靜一些，不要那麼激動。如何讓孩子平靜並沒有一個統一的答案，在我所閱讀的資訊中，每個專家的建議都不太一樣，有的甚至自相矛盾：

有的專家說，不能離開孩子，要陪著他，要不然他會感覺被拋棄；

有的專家說，離開孩子，讓他獨處一會兒，他的脾氣會消得更快一些；

有的專家說，要抱著孩子，讓他有安全感，得到撫慰。

這些建議沒有一個是錯的，當然也沒有一個全對，因為每個孩子都是不一樣的個體，適合的方法也不同。像我家毛頭，他比較需要被抱著，你抱個十來分鐘，什麼都不用說，自然就平靜不少。如果扔他在一邊哭，就會哭很久；而果果相較就傲嬌許多，她發脾氣的時候，絕對不能碰她，越碰越生氣，你甚至不能看她，大小姐找個牆角一個人哭一會兒，很快就神志恢復了。

所以，你需要找到一個最適合你家孩子的方法，這一點非常重要。你可能要多嘗試幾次，才能發現少爺和小姐吃哪一套。大概有下面這幾種作法：

1 緊緊擁抱他。

2 不理他，但是在旁邊陪著，等他稍微平靜一點再抱他。

3 暫時離開，讓他獨處一會兒。

4 找個方式讓他發洩，譬如：給他白紙亂畫、捶枕頭之類的。

另外，平時有安撫小物的孩子，儘快拿給他，也是一個非常有效的方法。一旦你發現哪種方式會讓他平靜得更快，以後就保持下去。

3、幫助孩子整理情緒

當孩子從渾然忘我的大哭大鬧狀態變成嚶嚶啜泣時，說明他已經冷靜許多，可以聽你說話了。記得一定要先誇獎他——「寶貝，你好棒，你平靜下來了」，然後給他一個大大的擁抱。此刻還不算完成，一定要回顧事件，幫孩子整理情緒。如果沒有這個步驟，他的情緒控制能力是不會進步的，只會重蹈覆轍。這個時候，切記，他只能聽他想聽的，千萬不要板起面孔講大道理，不要碎念、囉唆、責備他「有什麼好哭的」。一定要按照我們經典的整理情緒三部曲來做：

1 認同孩子的感受——「媽媽知道你很難過」、「媽媽知道你害怕了」、「媽媽知道你覺得很沮喪」。

2 說出他發脾氣的原因，無論這件事在你看來有多麼雞毛蒜皮——「你不喜歡衣服被弄髒了，是嗎？」「你不喜歡那個人，是不是？」「你討厭積木總是倒下來，是嗎？」能說出來的委屈，就不叫委屈，一旦讓人難受的事情被說了出來，就沒有那麼難受了。你一次一次地幫孩子說出心中的想法，他就可以逐漸學會表達自己的感受。

知道如何傾訴，就不會大發雷霆了。

3 提出合適的解決辦法。如果沒有什麼解決辦法，就用想像力滿足孩子。

還有一種情況是你根本不知道孩子為什麼發怒，在他冷靜之後，你要鼓勵他表達出來。如果礙於他的語言能力，你可以儘量猜，只要你願意去做，多半會猜中。然後，你用簡單的話，將他剛才想要表達的事情好好說一遍，再告訴他：「很抱歉，媽媽剛才不清楚你要什麼，你看你現在不哭了，媽媽就能瞭解了。」孩子會越來越明白，說的要比哭鬧有用得多，以後就會更傾向於用語言表達。

4、堅持你的原則

絕對不能因為孩子哭鬧而妥協，適當的妥協並不是不可接受，但理由絕對不可以是「孩子哭鬧」。你可以和情緒穩定下來的孩子慢慢討論，甚至討價還價都可以，讓他知道，平靜下來什麼都好商量。不要他一發飆，你就受不了，馬上投降。這無疑是在訓練他的演技了，當他發現大發脾氣有用時，下次就會變本加厲來控制家長，熊孩子都是這麼被培養出來的。

讓孩子明白，「你不開心，我可以安慰你；你有意見，我們可以商量。但發脾氣永遠都不是解決問題的方式。」其實，這個道理，無論是大人還是孩子，都需要學習。

5、平時避免誤踩「地雷」

你會發現，有些時候，孩子就像一個移動的火藥庫，特別容易爆炸。這時你就要找到他心情不佳的原因，並且在日常生活中儘量避免踩到他們的「地雷」。一般來說，孩子心情不好，基本上有以下幾個原因：

1 餓了：隨時帶著一些健康的小零食。

2 睏了：掌握他想睡的信號，或者熟悉他的作息模式，安排好活動時間，可以及時讓他休息。

3 起床氣。有起床氣一般有三種原因：一是沒睡夠就醒了，這需要訓練；二是睡太久了，睡太熟，不容易醒來；第三個比較容易忽略的原因就是渴了，記得在孩子醒來前先準備好飲用水。

4 精神能量耗盡，該充電了：對內向的孩子來說，獨處就是充電；對外向的孩子而言，玩耍才算是充電。如果他們「快沒電了」，就很容易發脾氣。

一些常見的相關問題

1、孩子在公共場合變身噪音怪獸怎麼辦？

首先一定要帶他離開現場，到一個不會打擾人的地方，再按照我上面所說的步驟做。因為在人多的場合，家長壓力大，孩子也會因為知道家長怕丟臉的心態，雙方都很容易情緒失控。所以，離開是很有必要的。如果是在封閉的環境下，如飛機、捷運、公車上，無法避開怎麼辦？那只好先和周圍的人道歉了：「我家孩子有點吵，不好意思，我先哄哄，他一會兒就會好的。」

我相信大眾只是討厭助長熊孩子的囂張氣焰，或者對孩子的行為毫無作為的家長，對正在努力安慰小孩的爸媽，應該是不會太有意見的。

2、孩子發脾氣的時候，出現打人、丟東西等暴力行為怎麼辦？

有兩種辦法：一是讓孩子獨處一會兒，讓他打不到人，也沒東西可摔，直到他的暴力行為消失為止；二是緊緊地抱住他，並且按住手腳，直到他平靜為止。但是，有的孩子被控制住身體會更加生氣、脾氣更大。所以，還是要看情況，看哪種方式會更容易接受。回頭整理情緒的時候，要告訴他：「你剛才生氣打到媽媽、摔到娃娃，我們都好痛哦，給我們秀秀好嗎？」

不必在道德上過度解讀孩子生氣時的暴力行為，只要孩子將來學會自己排解情緒，暴力行為自然會消失。

3、孩子哭得快暈過去怎麼辦？

這種情況毛頭以前還真的很容易出現，甚至從嬰兒時期就開始了，哭的第一聲時會憋得特別長，有的時候長達十幾秒鐘，因為透不過氣來，嘴唇都發紫了。以我多年的戰鬥經驗來看，如果孩子從沒有因此而暈過去，就說明他的身體可以適應憋這麼長時間的氣，他終究會喘上來那一口氣的。不要因為他憋得太久而害怕，而做出破壞底線的事情。

極少數情況下，確實有喘不過氣而憋暈倒的孩子，有的還會出現抽搐現象，看起來很嚇人。但是一般來說，一分鐘之內都會喘過氣來，並且有的會不記得自己為什麼發脾氣了。這也是身體的一種保護機制。

有的孩子之所以特別容易憋暈，是因為缺鐵（因此更容易缺氧）。如果心臟有問題，也容易出現這種現象。所以，如果你的小孩經常出現憋暈的情況，還是帶他去醫院好好檢查一下，看看身體是不是有什麼問題。一般來說，隨著孩子長大，這種哭得快暈厥的現象會逐漸消失，毛頭好像是兩歲左右不再出現的，有的孩子會持續到學齡時期，但這是極少數。

4、孩子發脾氣時，有自殘行為怎麼辦？

毛頭有一陣子只要一發脾氣就會撞地板，翹起屁股用頭撞的那種。有些孩子會撞牆、用手打自己這類自殘行為。其實這也沒關係，無論你的孩子多生氣，他都不會對自己造成實質性的傷害。只有一個例外，就是家長特別在乎這件事，因為害怕他傷害自己而答應他許多並不該答應的事情。

《實用程序育兒法》這本書中就講過一個案例。有一個男孩，每天都把自己的頭撞得傷痕累累、血跡斑斑，以此來控制全家人，只要誰不順他的意，他立馬就使勁傷害自己，直到家人答應他的要求為止。

如果你不想讓孩子變成以自殘相逼，就不要去管他。單純發洩情緒的話，孩子不會真正傷害自己，而且還會默默控制自己的力道。毛頭撞地板的時候，都是在地毯上，出門在外，脾氣再大，也從來沒見他撞過地啊。

我有個鄰居朋友說，她兒子一生氣就喜歡使勁用頭撞牆，美國家裡的牆壁是空心木板，撞起來有夠大聲，很有氣勢卻不太疼。後來她帶兒子回國，家裡是磚牆，發現撞了沒聲音，還特別痛，第一次撞就獲得了個大包，從此以後再也沒撞過了。別的事小孩可能不懂，但痛不痛這件事他們可清楚得很呢！

很多小時候被父母從小罵到大的新手爸媽，都很擔心自己也會變得跟自己的父母一樣。想要不變成吼爸吼媽，就要瞭解當遇到孩子哭鬧時，正確的做法是什麼。這篇文章應該是講得最詳細的了，只不過這些做法，需要有更多耐心，也要有更堅強的心靈，這比破口大罵難多了。

其實，治癒吼叫的孩子，何嘗不是治癒自己呢？

男孩子愛黏媽媽，這並不是壞事

毛頭七歲以後，就完全像個大朋友了，日常生活幾乎不用我太操心。他會自己洗漱著裝、會自己收拾玩具整理房間、會洗碗、會擦地，甚至還能當個小老師，教妹妹國字、數學和彈琴。一切看上去都很完美，可是爸爸卻依然對他不滿意。總是覺得毛頭太「黏媽媽」，害怕的時候往媽媽懷裡鑽、傷心難過的時候抱著媽媽哭、每天放學回家，總是先要和媽媽來一個大大的擁抱，才能安心。

總而言之，每當先生看到兒子表現出對媽媽強烈的依戀和親密的情感時，他總是會莫名其妙地火冒三丈，要嘛唸孩子——「你都多大了，還黏媽媽！」或是罵我——「哪有像你這麼寵孩子的！」

他的怒氣來得如此沒道理，以至於他說話已經完全沒有邏輯。第一，孩子並沒有多「黏媽媽」，前面也說了，他什麼事情都可以獨立做得很好；第二，我完全不是「寵孩魔」的那種媽媽，畢竟就算在孩子得了帶狀皰疹，疼得慘叫的時候，我依然試圖「鐵石心腸」地堅持「每次只能玩半小時 iPad」原則。

我也只能同情地拍拍先生的肩膀，明白地告訴他：「你內心的小孩又跑出來嫉妒兒子了，趕緊處理一下！」

七年級生的老公，成長的環境是把女孩當男孩養、把男孩當小狗養。在他的記憶裡，爸媽好像從來沒有抱過他、親過他、安慰過他。他從小受到的教育就是男孩子要獨立、要堅強、不能哭、不能怕，黏媽媽更是「娘炮行為」，會被所有人鄙視。這樣獨立堅強長大的男子，不出所料地成為一位經典的「鋼鐵直男」。你不得不承認這類型的男人是有些可愛的，很直接、很務實、勇於擔負責任、讓人覺得可靠又有安全感，看上去是個好伴侶。但是，和這種人相處後你才知道，他們的可恨之處也非常容易導致他們一輩子單身。

「鋼鐵直男」最討人厭的一點就是他們只接受「理性」和「邏輯性」的溝通，而本能地否定、排斥、迴避所有「感性」的交流。也就是說，這種人既難以感同身受，也無法表達自己的情感。他們看不起哭哭啼啼情緒化的人、討厭猜女人心思、覺得所有浪漫情懷不過是沒有意義的矯情。他們會為你做很多事，但想聽他說一句「我愛你」，比登天還難。

他們討厭所有紀念日和儀式，永遠搞不懂禮物真正的意義是「心意」；鄙視海誓山盟和甜言蜜語，總是要堅持說實話，而不管是否會傷人；無法換位思考、不會安慰、不懂體諒，幫助別人的方式永遠只有「想辦法解決問題」。

雖然他們也有豐富的情緒，但只會用最簡單的處理方式。害怕就生氣、羞愧還是生氣、焦躁也生氣，難過了一樣只生氣。

和這種人過日子，你就知道什麼叫作「不解風情」，什麼是「對牛彈琴」。

有人說，嘿，男人不都這樣！不是的，溫柔體貼、百般細心的男人也很多好嗎！這世界上滿坑滿谷的「鋼鐵直男」，完全是傳統又蠻橫不講理的「男孩教育」製造出來的產物。

男孩們從小被教育「你是男生，你只能強大，那些細膩感性的行為是弱者才有的，你最好統統不要有」，從此，他們的情感發展就停滯在那裡。

當一個男孩的記憶裡沒有被抱在懷中安慰的情景時，他就學不到用這種方式來安慰別人；當一個男孩的痛苦和脆弱，從來沒有被理解、被同情過時，他當然也不會懂如何理解和同情別人;當一個男孩在感情上,永遠被忽略漠視,長大後,也只會如此對待別人。

想讓世界上少一些這類直男,就請善待你家的男孩子,像關心女孩一樣去關心他。不要阻止和否定他的情感表達,讓他煩惱的時候可以撒嬌地向你傾訴、難過的時候可以盡情哭泣、哭的時候有溫暖的懷抱。

無論是男孩還是女孩,都有情感需求。憑什麼在這方面就要刻意虧待男孩,還美其名曰「讓他堅強」呢?你是養育小孩,又不是訓練戰士。在和平富足的年代,你把男孩都搞得那麼冷血幹嘛呢?

那麼男孩子到底會黏媽媽黏到什麼時候?

答案是青春期,當男孩真正在心理上獨立起來的時候,他會自覺地疏遠父母。

所以,**獨立和依賴其實包含兩個層面,一是心理,二是生理。**對青春期之前的孩子來說,心理層面上需要一直依賴著父母,少了這份情感,他們會缺乏安全感。我們平常所說的培養孩子的獨立性,更多的是指生理層面的「獨立」,讓他做更多力所能及的事情、讓他有自信、有能力做好每件事情。

但是，無論是男孩還是女孩，在整個童年時期都需要父母在情感上的滋養，需要親親、抱抱、飛高高，千萬別因為是男生，就早早地在情感上給他「斷奶」，這會導致他在這方面發育不良。

事實上，很多爸媽在教育男生時全都搞反了。在心理層面對他冷漠疏離，生理上卻處處控制，讓他覺得無法自己做決定、無法獨立，總想著「如果我這麼做，一定會被媽媽唸。」

在這種情況下長大的孩子，不光會變成「鋼鐵直男」，還會變成「媽寶」，一輩子習慣當「巨嬰」。

所以，當你想要做些什麼「讓孩子獨立」的時候，請好好想想，你對他的要求到底是講求心理層面還是生理上的，然後再去做決定。當你覺得「這小孩太依賴大人」時，也請好好思考，這個依賴是心理上的情感依戀，還是生理上的「沒你不行」，別輕易嫌棄他。

願我們的男孩都能在溫暖有愛的環境下成長；願這世界上「鋼鐵直男」的產能可以再少一些！

孩子是否缺乏安全感，怎樣才看得出來？

不能讓寶寶一直哭，否則會破壞他的安全感。
不能不滿足寶寶的需求，否則會破壞他的安全感。
不可以對寶寶兇，否則會破壞他的安全感。

在育兒的道路上，你是否會被這樣的焦慮纏繞，好像對寶寶有一點不好，就會導致他安全感喪失，影響他一生。

孩子是非常需要安全感的，但是近年來「安全感」這個概念已經被過度渲染，好像「溺愛」、「縱容」、「無原則」全都可以混為一談，變相成為一種道德綁架，搞得媽媽們不敢進行睡眠訓練、不敢斷奶、不敢拒絕孩子。哪怕小鬼頭已經橫行霸道，鬧得天翻地覆也不敢管，因為怕「破壞了安全感」。等哪天孩子真的成了熊孩子，早就已經失控管不了了。

另一方面，一旦孩子出現一些行為問題，譬如：脾氣暴躁、敏感膽小、有分離焦慮，父母就會擔心他是不是安全感不夠，開始責怪自己太少陪他，好像陪得多、抱得多就能解決一切問題。

我覺得很多爸媽對這方面的認知誤會相當大啊，他們根本就不明白什麼狀態的孩子才是沒有安全感。今天就來澄清一下，看看「安全感」這些年到底背了哪些鍋。

愛哭鬧不代表沒有安全感

每個孩子天生的氣質和個性是不一樣的，有些天生神經大條，所以性格溫和；有些生性敏感，難以學會安撫自己，有一點點不適就會大哭大鬧。哭鬧對孩子來說只是一種比較激烈的表達方式，當他們有情緒、不舒服，又沒辦法用語言表達的時候，就會哭鬧。你可以把它理解為孩子的一種「特殊語言」。有些「話多」，自然也有「話少」的小孩。有安全感的寶寶也可能非常愛哭，沒有安全感的也可能一點都不吵，所以是不是愛哭鬧和有沒有安全感沒有必然關聯。

有分離焦慮不代表沒有安全感

提到這點，爸媽們總是一個頭兩個大，生怕孩子「分離焦慮」發作，就缺乏安全感了，送孩子上幼稚園彷彿生離死別。其實，有分離焦慮只代表他處在一種「過渡期」，每個孩子多多少少都會有。環境一下子改變了，總得給他一段時間適應吧！適應好了，症狀自然就消失了。孩子剛入園，捨不得媽媽、會想媽媽，那是很自然正常的事情，和安全感扯不上啊！就像你上大學離開家鄉，突然在某個脆弱的時刻想家落淚，不代表你失去安全感，道理是一樣的。

害羞膽怯不代表沒有安全感

很多孩子害羞膽怯，其實只是「慢熱」。他不熟悉新的環境、新的朋友，所以他會待在他認為安全的區域裡（譬如媽媽懷中），並保持警惕。當他有足夠的時間去觀察、熟悉，放下戒心後，膽子自然就大了。

其實，「膽小」是有積極意義的，如果我們的祖先都天不怕地不怕，人類是延續不到今天的。膽子小一點的孩子會更注意自己的安全，不會亂跑、不會離開父母、不會跟陌生人走、不會亂吃東西。從另一個角度來看，這難道不是一件好事嗎？你可以說他膽小，也可以說他謹慎，這只是一種性格特點而已，和有沒有安全感沒關係呀！

依戀安撫物不代表沒有安全感

這也是對安撫物最大的誤解。其實，有安撫物的寶寶才是安全感很足夠的象徵。安撫物本身能增加孩子的安全感，因為孩子對它的觸感、味道非常熟悉，讓他心裡感到安定，不怕陌生的環境。若不明究理地拿走它，反而會讓寶寶短暫失去安全感。

既然以上幾種表現不代表缺乏安全感，那麼真正沒有安全感的表現是什麼呢？最重要的特徵就是「失去信任」。失去對環境的信任、失去對人的信任、總覺得這個世界是不穩定的、擔心下一刻會有壞事發生、擔心在意的人很快就會離開、擔心失去所有的愛。

缺乏安全感的孩子因為總是處於「擔心」中，會精神緊張、不活潑、沒心情探索玩耍、表情緊繃，缺少屬於孩子的「燦爛笑容」。

他們可能會故意封閉自己、態度非常冷漠疏離、對任何東西都沒有慾望，因為「沒得到也不會失去」。他們可能會特別乖巧、花心思去討好大人、害怕大人生氣、擔心大人不要自己，總是戰戰兢兢、如履薄冰。他們會有社交問題，因為無法信任別人、會用防備而不是接納的態度與人相處。所以，缺乏安全感的孩子無法和他人建立親密友好的關係，也很難結交好朋友。

其實，父母只要在意孩子的安全感，就不會擁有一個缺乏安全感的孩子。現在的小孩只有爸媽過多的關心，想讓他缺乏安全感，倒真不是一件容易的事。

如果你的孩子有以下表現，就完全沒有缺乏安全感的問題：

1 情感豐富，不會壓抑自己，能自然而然地表達高興、憤怒、傷心、不滿等各種心情。

2 敢於説出自己的意見和想法，會拒絕、會反抗。

3 依附監護者（不一定是父母），和他十分親近，喜歡抱抱之類的肢體接觸。

退一萬步講，就算你做錯了什麼事，導致孩子缺乏了一些安全感，也是可以彌補的，只要你讓他感受到你持續而穩定的愛。

滿足「安全感」的條件其實很容易，只要你家孩子是親生的、你愛他擁抱他、滿足他基本的生存需求、不要虐待他、不要忽視他，就夠了。但是，「一致性」卻是很多父母會忽略的。**如果爸媽自己情緒不穩定，總是喜怒無常，孩子不知道自己做的事情會得到什麼樣的反應，就會缺乏安全感。**如果他所處的環境不穩定、照顧他的人頻繁地更換，讓他不敢去依靠，就會缺乏安全感。如果沒有堅定的原則，今天他打人可是父母無動於衷、明天打人爸媽才在拼命罵人，他不知道做事的規則和底線在哪裡，也會缺乏安全感。

孩子是可以接受改變的，雖然他很不願意，但只要使過程儘量緩慢，讓他慢慢適應，並且能保持改變之後的一致性，就不會失去安全感。

譬如上學並不會讓孩子失去安全感，但是去了幾天，心疼他哭得很慘，先讓他請假，過了幾天又讓他去學校，然後這個循環一再上演，這樣就會讓孩子失去安全感。

你越是不堅定，越損害孩子的安全感。所以，想讓孩子有安全感並不等於滿足他所有要求，不要打著這個幌子來掩蓋自己沒有原則、缺乏管教能力的事實。你的教養風格是寬鬆的也好、是嚴格的也罷，陪伴他的時間不多沒關係，讓他多哭了一陣子也無所謂。只要你保有原則，孩子自然安全感滿滿。

鼓勵孩子沒錯，但讚美的話怎麼說有講究

人在國外，養小孩的思想觀念真的時時刻刻被震憾到，連開個家長會都備受教育。北美小學的家長會和台灣的很不一樣，不是一大幫家長坐在下面聽老師狂轟猛炸地講，而是老師和家長一對一談話，每十五分鐘，孩子可以旁聽。第一次開家長會的時候，老師就結結實實、口沫橫飛地誇獎了毛頭十五分鐘——性格、習慣、學習、社會活動能力等，全都好得不得了！聽得我暈頭轉向、老淚縱橫。

這是我家那個整天氣得我想飛踢他的小魔頭嗎？老師沒搞錯人吧？我突然很慚愧，人家老師每天管十七個孩子，還能把毛頭一點一滴的優點和進步記得清清楚楚，我這個當媽的一看到孩子，只覺得他一身毛病。

沒辦法，教育風格是遺傳的。我當初上小學的時候，不論怎麼聽話、認真上課，

從來沒聽人誇過我。現在還記得，第一次期末考，數學考了一百分，國語九十九分，因為把「秋天到了」寫成了「秋天到子」，被扣了一分，被我媽唸了一晚，還幫我取了個日文綽號「秋天到子」，喊了我一整年。

很慶幸毛頭可以生活在這麼積極正向、寬容的環境。開完家長會，回家之後，毛頭就「瘋」了，進門鞋子整齊脫好擺好、自動去洗手，竟然還幫妹妹收拖鞋，然後把我房間、自己房間、妹妹房間的床單全都重新鋪了一遍，甚至主動收拾玩具、整理房間、拿出小黑板狂練字。

聽到老師的表揚真是激動啊！總有讀者問我具體要怎麼稱讚孩子，才能真正激勵他、讓他變得更好，而不會讓他驕傲。

今天我們就來和毛頭的老師學學吧，她如同是教科書一般的讚美大師。

1、只誇進步，不足之處絕不提

哪怕起點再低，只要有進步就要表揚，這樣才會讓孩子想要繼續進步下去。

譬如，老師稱讚毛頭寫字母的筆順進步很多。我心知肚明其實還有很多問題，但是老師只談他寫得好的那些字母，並沒有提及他依然寫得糟糕的那些。讓孩子知道哪個方向是對的，鼓勵他往那個方向走就是了，過程肯定不順利，要大量犯錯和被糾正，很讓人感到挫敗，所以孩子才更需要正向鼓勵呀，要不然這一路多艱難！

這說起來簡單，做起來難。很多父母，包括我在內，在誇獎孩子的時候，總忍不住要「順便」提到他還做得不好的地方，希望他能改正，這樣的效果就正負抵消了。**要開口就真真切切地誇獎**，不要剛說兩句好話，後面就接著個「但是」，看起來是褒，實則是貶，讓孩子覺得「無論怎麼努力，總是做不好」，會讓他越來越被動。

你可能要說，讓他看到自己不足的地方，難道不是為他好嗎？你以為孩子他自己不知道嗎？他只是不願意承認而已。總是強調負面之處，只會讓他自我評價過低，覺得自己很沒用，就容易鑽牛角尖。當然也不是說完全不能提，但東方文化的父母總是把著眼點放在缺點上，**至少在讚美的時候，請做得完全、真心，不模糊焦點。**

2、只誇細節，不要空泛的稱讚

毛頭的老師所稱讚的內容幾乎都是細節，她會翻開他的課堂作業本，一頁一頁地誇。她說：「你看他的這幅畫，這邊是消防車，這裡是兩輛車撞在一起，還用了不同的顏色，很有情節吧，他會用畫來描述故事了。」她還拿出毛頭做的勞作說：「毛頭做勞作的時候，都是慢慢的、不慌不忙的，剪線都順著線邊剪，非常細心，是個有耐心的孩子。」很多父母誇獎孩子，往往說一些「空泛」的形容詞——「真好」、「好棒」、「好厲害」，有講跟沒講一樣。這樣空泛的詞語，多聽兩次就產生免疫力了，還會覺得你敷衍他。要褒就褒到心坎裡，用上你腦子裡的所有詞彙，不要輕描淡寫。只有誇到細節，孩子才能體會到你真心的肯定，因為你連這點小事都注意到了，就證明了你對他的在乎。**這樣細緻的誇獎才有情感的流動，才能產生鼓勵的效果。**

3、事實才誇，不瞎掰

老師還給我看了一頁字母表，上面有密密麻麻的各種記號，並且告訴我：「藍色標記的字母，毛頭已經都認識啦，紅色標記的是他已經知道它們在單字中的發音啦！你看，他都認識這麼多字母了，學得很好！」一張簡單的字母表說明了所有問題，一目瞭然，認識的就是認識了、還不會的就是還不會，她就誇獎他認識這麼多，做得很棒。相信他自然想把那些不認識的字母都學起來。

讚美也要實事求是，不能誇張，不要變成吹捧。不能孩子剛認識兩個字，你就說：「天呀，寶貝你真厲害，過幾天就能看書啦！」這種話會讓孩子感到很大的壓力，因為過幾天他肯定看不了書，就會覺得愧對你的誇獎。久了之後，他會討厭你的稱讚，有可能聽到就生氣，甚至唱反調，以此來消極對抗。**讚美要實話實説，孩子做到什麼程度，就誇到什麼程度，切勿過於熱情，若在讚美裡寄托深切的期望，這對孩子來説是很沉重的負擔。**

看看前面這三項，想要有效地稱讚孩子，還真是要動腦筋。橙子在這裡提供大家一個簡單易行的公式：

第1步：描述你所看到的事情；

第2步：説出你內心的感受；

第3步：把孩子所做的、值得讚賞的事情總結為一個詞（還蠻考驗語文能力的）。

舉個例子，今天孩子在外面吃飯，表現特別好，你想誇獎他。

第1步：寶貝，你看你今天吃飯一直都坐在椅子上沒有亂動，也沒有吵鬧——**描述所看到的。**

第2步：媽媽覺得這次出來吃飯很開心，下次再帶你出來——**描述自己的感受。**

第3步：你今天表現得非常有「餐桌禮儀」——**總結出一個詞。**

這樣幾次下來，他就會明白吃飯要有「餐桌禮儀」，然後把這個觀念內化成心中規則。心中的規則多了，孩子就會變得越來越好。

另外，補充一點，要避免過多地讚美孩子的「先天條件」。譬如：聰明、漂亮⋯等，因為你過度關注這些方面，他就會覺得沒有任何努力空間了，反正是天生的，就會傾向於不去努力，甚至會自我放棄，因為他要證明「我不好，是因為我沒努力，而不是因為我不聰明」。並非絕對不能表揚這些，但是要把重點放在孩子「可以變得更好」。這樣有效地讚美，其實不太容易，一開始可能會有些彆扭，要多練習，逼著自己說，說多了就熟練了。

其實「誇獎」這個詞不是很好，總有一種「誇張」的感覺，我更喜歡用一個詞，叫作「正向反饋」。**正向反饋是我們每個人靈魂裡都渴望獲得的東西。**為什麼電動那麼好玩？就是因為裡面的正向反饋太多了，達成一個任務就能得到獎勵。無論你在執行任務的過程中死了多少次，但遊戲都不管，只在你達成任務的時候，用很磅礴的音樂和虛擬數字獎勵你，所以才會讓你想一直玩下去。在社群網站發文也是同理，有人按讚，你就想繼續，根本停不下來。

相較之下，真實世界中想要得到正向反饋還真難，大家都活得很辛苦，尤其是弱勢的孩子，尤其是得不到父母讚美的孩子。

願父母們能多花點心思在「如何給孩子正向反饋」上，讓孩子的生活和學習也能像打電動、發動態一樣精彩絕倫！

擁抱多一點，小惡魔也會變天使

今天一家四口一起出去購物，在停車場找不到車位，最後一堆車卡在路口，進退不得，我們家爸爸就犯了路怒症，飆了好幾句髒話。一聽到髒話，我整個人眉頭都皺了，指責他當著孩子的面，竟然一點都不注意自己的言行。老公正在氣頭上，當然不肯承認錯誤，不斷狡辯。兩個人就這樣吵了起來，直到停好車了，依然不停地爭辯。

毛頭喊了幾句「別吵了」，但沒什麼效果，突然向我張開雙手說：「媽媽，你需要我抱抱嗎？」很神奇，我剛剛還吵得面紅耳赤，一下就冷靜下來。

「是啊，媽媽生氣了，媽媽需要抱抱。」

抱住毛頭小小的身體，感覺好溫暖，突然莫名其妙地想流淚。這樣一個小小孩，已經可以治癒大人了。

「擁抱的力量」讓小惡魔化身暖男

毛頭之所以會這麼說，是因為我之前和他有個約定。

認識我的人都知道，毛頭一直是個情緒容易激動，特別愛生氣的孩子。因為情感豐富敏銳，我也可以接受，只不過每天因為雞毛蒜皮的小事生氣，一言不合就負能量轟炸，大喊大叫大哭，也讓日子很不好過。

我試過很多情緒疏導方法，像是引導他說出感受啊、感同身受啊、冷處理啊、讓他深呼吸、跳一跳之類的。雖然有效果，但他總是要哭叫很長時間才會聽我說話，所以每次他一激動，就引起一場噪音災難。我也沒有更好的辦法，只好吞忍。有時候自己心情也不好，又被他吵得心煩意亂，腦子爆炸，就忍不住和他一起發脾氣，事後又很後悔。最近幾個月，我嘗試了一種新的方法。

有一天，在毛頭剛生完氣，平復過來的時候，我和他說：「你看你，平時高興的時候表現都很好，自己的事情自己做，會幫媽媽的忙，還會照顧妹妹，特別懂事可愛。但是你心裡有一頭小怪獸，你一生氣，小怪獸就跑出來控制你，讓你忍不住亂叫亂發脾氣。你剛才那個樣子，你自己是不是也不喜歡啊？」毛頭很認真地點頭。我接著說：

「那我們想點什麼辦法打敗小怪獸吧！你希望我怎麼幫助你呢？」毛頭說：「那每次小怪獸出來，你就抱抱我吧，媽媽抱我一下，我就有力量打敗牠了。」

於是，我們之間就有了一個「抱抱約定」。每次他一生氣，我就會說：「注意，小怪獸出來了！你需要抱抱嗎？」他就又跳又叫地伸出雙手說：「快給我抱抱，我要打敗小怪獸！」有時候他發脾氣，惹得我也很生氣，他還會哭著對我說：「媽媽，你又忘了給我抱抱了⋯⋯」

這個「抱抱約定」給了我很多驚喜，當毛頭不可理喻，像個小惡魔的時候，給他一個擁抱，就好像用一根針戳破了氣球一樣，一下就柔軟下來。

這個方法用得多了，他就推己及人，對別人也開始使用「抱抱」。每次我聲音變高，快要失去耐心的時候，他馬上就伸出雙手說：「媽媽，你需要『抱抱』了吧。」我還經常看見他和妹妹互相擁抱，安慰對方。哈哈，真的一個不小心，小惡魔就變暖男呢！

其實，這個「抱抱約定」是毛頭自己提出來的，應該是和幼稚園老師學的。我經常看到，每當小朋友哭鬧的時候，幼稚園老師的標準反應就是蹲下、伸出雙手說：「Do you need a hug?（你需要抱抱嗎？）」，就好像反射動作一樣。

「擁抱」在老外的親子關係中更是不可或缺的，就像空氣和水一樣，必需也自然。送孩子上學要抱、接他們放學要抱、睡前要抱、醒來也要抱、發脾氣了要抱、高興了當然要抱、做好事了要抱、犯錯誤還是要抱一下。一天恨不得抱個百十來次。孩子都長大成人了，父母依然會在大庭廣眾下伸著手臂對孩子喊「Honey! Give me a hug!（寶貝！抱一個！）。」

用正確的方式抱他

一開始我以為這就是一種文化習慣，西方人表達感情比較奔放，不管怎樣都要抱，東方人總覺得太誇張。但是，我現在真切感受到了這種肢體接觸帶來的神奇療效。**很多時候，你生氣、沮喪、失望、委屈，任何建議或者安慰，都不及一個溫暖且踏實的擁抱有用。**我們多半會在孩子乖、自己高興的時候抱他，但是我們很少會在他大哭大鬧的時候給他們一個擁抱，但那卻是他最需要擁抱的時刻。

很多父母會覺得，孩子大了就不該和父母太黏，會被慣壞、會缺乏獨立性。所以，很多家長在小孩脫離嬰兒時期後，就急於避免和他有過多的肢體接觸，生怕黏在身上就甩不掉了。

看看老外的孩子就知道，雖然整天和父母抱來抱去的，但其實非常自信獨立。很多亞洲人都混淆了「hug」和「hold」這兩個詞，雖然中文都可以翻譯成「抱」。

「hug」是「擁抱」，是一種無聲的感情交流和溝通方式，可以在一個瞬間，將鼓勵、安慰、支持、疼愛…等，很多無法言喻的情感傳遞給對方。而「hold」只是「抱著」，是一個單純的動作而已，沒有情感。很多家長整天抱著孩子，但是不和他說話，也沒有互動，更不關心他的想法。這時爸媽心中會想「我都抱著你了，你就不要鬧了吧」。他們試圖用簡單的「抱著」，滿足孩子複雜的陪伴需求。事實上，這是一種偷懶和敷衍的行為。經常被「hug」的孩子，不但不會黏人，反而更自信快樂，有安全感，他們總會感受到滿滿的愛和接納，一定會有更多勇氣迎接挑戰。而只是被「hold」的孩子，雖然肢體上和父母無比親近，但心靈上的距離卻是如此遙遠，他們感受不到愛，才會渴望更多的肢體接觸。而沒有感情交流的接觸是無效的，孩子依然會有「愛饑渴」。

所以，我們確實需要經常抱抱孩子，這和孩子多大了、是不是很獨立都沒有關係，只和「有沒有情感交流」有關係。很多父母犯的錯誤都是當孩子需要安慰、需要鼓勵的時候擺著架子不抱，真正需要陪伴的時候卻只會用「抱著」來應付。

那些總向大人討抱抱，被「慣壞」的孩子，並不是「不該抱」，而是你抱的方式有問題。**孩子其實並非時時刻刻都需要擁抱。請記住，有情感互動的擁抱，即便短暫也是最具質量與力量的擁抱。**

舉個例子，有很多讀者問我，我們家孩子一出門就要抱，不肯自己走，硬把他放下，就卯起來哭，怎麼辦？

如果你從「是否具備情感交流」的角度來看，問題就很容易。當他討抱的時候，你可以毫不猶豫地把他抱起來，和他說：「寶貝走累啦，媽媽知道，媽媽抱你一會兒，讓你休息一下吧！」一、二分鐘過後，可以問：「寶貝休息夠了嗎？不累就下來走一走，讓媽媽休息一下好嗎？」相信我，如果孩子的精神狀態不是很差，一定會欣然同意。

孩子想討的其實並不是「不走路」，而是你的關心和愛，你若能夠充分表達，他的心靈就會充滿力量。

神奇的「抱抱」魔法

每個父母都會一個神奇的魔法，叫作「擁抱」，只不過很多人意識不到，很多人用錯了。

當孩子大發脾氣的時候，去試著抱抱他吧！

當孩子倔強難搞的時候，去試著抱抱他吧！

當孩子膽怯退縮的時候，去試著抱抱他吧！

總之，在你對孩子無計可施，想要助跑飛踢或者破口大罵之前，先試著抱抱他吧，很可能一場戰爭就消弭於無形。

這個魔法為什麼如此神奇？**因為「擁抱」這個動作，簡單且直接地表達了「愛」**。

愛是一種能力，也是一種習慣。培養愛的習慣，從學會經常「抱抱」開始吧。

如何讓害羞的孩子勇於表達自己？

最近有讀者說，家裡三歲的小朋友上了一堂網路課程，全程都很專注，但是當老師問問題時，無論怎麼誘導，這孩子就是沉默，明明那些問題他都會，看著讓人非常心急。

如果你家有個內向的孩子，相信類似的情況也會經常遇到：小朋友面對不太熟悉的人，特別容易害羞，無論是社區的鄰居、家族裡的親戚，還是才藝班的老師，面對他們的寒喧或是提問，他總是低著頭，嘴巴閉得和蚌殼一樣緊，對方越是熱情，他越是迴避。

明明就是些很簡單的問題，對方也很善意友好，為什麼就是不肯開口呢？就算孩子知道，不回應是不禮貌的、會讓父母失望和尷尬，甚至會被罵，依然無法大方地回答問題。這件事有這麼難嗎？如果你是一個性格外向的家長，一定搞不懂害羞內向的小孩到底有什麼問題。那就讓同樣從小就「閉俗（台語）」的橙子來為你剖析一下吧。

內向的人並非不能愉快地社交，只不過在面對不熟悉的人時，心理負擔是很重的。因為他們的情感特別細膩豐富，所以總是無法有效控制住自己的內心戲：**一方面，他們怕自己表現不好，說錯話而傷害到對方。**

譬如，我就記得小時候，有一次，我和媽媽的朋友炫耀我家有一個什麼東西，正說得高興，就被我媽瞪，回頭訓我沒禮貌亂說話，我也是非常委屈。正所謂童言無忌，小孩子說話一不小心就會觸及禁忌話題，或者語氣不夠禮貌尊重。譬如，談論家裡的隱私、聊到屎尿屁、學大人頤指氣使，說話沒大沒小……等等，讓場面很尷尬。這時候，父母往往會罵你一頓：「怎麼這樣講話！沒禮貌！」久而久之，比較敏感的孩子就會發現，自己好像總是容易說錯話，傷害到對方，但是又搞不太清楚分寸在哪裡，所以就認為儘量少說為妙。

另一方面，他們怕說錯話，會被別人笑，自己內心會受創。

另外一件讓我印象很深的事情是，小時候，有一次媽媽的同事和我聊天，有一個阿姨問我：「你最喜歡你們班哪個男生啊？」我就老老實實地告訴她：「我們班有兩個男生都很帥，我選不出來。」結果周圍的人一哄而笑。我正莫名其妙時，那個阿姨又問：「一定要選一個的話呢？」我仔細思考了一下，然後說：「某某某吧，因為他更帥一點。」結果這群阿姨笑得更過份了。我不知道她們在笑什麼，但是隱約覺得是在取笑我，於是覺得特別「冏」，後來我就不願意回答她們任何問題了。

這兩點顧慮可以說是內向孩子的心魔，讓他們不敢開口。長大之後，學會了有分寸、禮貌和尊重，當然也懂得分辨真心或假意。但是，對孩子來說，他還沒有能力去辨別分寸，所以那些情感豐富、臉皮薄的孩子，就會越來越傾向於少說話或者不說話，都是為了避免犯錯。

面對比較熟悉、親近的人，在相對私密的環境中，這類孩子會比較有安全感。他知道在這空間裡，無論說什麼話都會被包容，不會傷害別人，自己也不會受傷。但是，一旦出現比較陌生的人，就會進入戒備狀態，開始不確定自己說的話會不會有問題，所以就選擇不說了。

你可能會說：「難道就不能勇敢一點，說一下試試嗎？試了，才知道要怎麼說嘛！」道理是沒錯，但是孩子正是缺乏「勇敢的動力」。打個比方，給你紅、藍兩個按鈕，你隨便挑一個按，如果對了，不會發生任何事；按錯了，被電擊三下；如果不按，則電擊一下。你會選擇按還是不按？被電擊是很痛，但是選擇更讓人無所適從。

對於保守的人來說，與其承受糾結和恐懼的壓力做出選擇，不如穩妥地逃避，接受居中懲罰，這樣會讓他更坦然一些。

陌生人問話時，其實就給了孩子這樣的選擇情境：「話說對了，理所應當；說錯了，則會被嘲笑、被奚落、被批評。」如果不回答呢？頂多被吐槽兩句「這孩子也太害羞了吧」，也就躲過了。

內向的孩子情感豐富，會特別害怕說錯話後面臨的可怕場景，所以也就自然傾向不說話了。你會發現有些小孩子和同年紀的小朋友相處並不害羞，但是一旦和長輩說話就會忐忑不安，選擇沉默，就是因為他在成年人的世界裡，感受到太多的社交壓力。

橙子小時候和同年齡的同學、朋友溝通上都沒有什麼問題，但是直到上了高中，才真正能夠比較自然得體地和我爸媽那輩親朋好友打交道。在那之前，基本就是悶葫蘆，別人問一句才會答一句，就是因為害怕「說錯話」。所以，小朋友一到陌生人面前就不想說話的毛病怎麼治？有兩個方法提供給你參考：

1、把對方變成「最熟悉的陌生人」

我家兩個孩子上才藝班的時候，前兩堂課根本不發一語，而且還表現出畏畏縮縮、很膽怯的樣子。但是上了三堂課之後，就放開了，再上幾次，就可以和老師說說笑笑了。因為混熟了、不緊張了、不怕說錯話，也就放得開了。

想要在短時間內讓孩子與陌生人變得熟悉親近，那就需要父母熱情鄭重地向孩子居中介紹一下：「這位是某某阿姨，是媽媽最好的朋友，她最喜歡小朋友了，之前就跟她聊過你了，也覺得你好可愛，這次特地來看看你呢！」藉由這樣介紹，可以迅速拉近關係，孩子較容易放鬆、敢於說話。

2、提供孩子寬容鼓勵的社交環境

什麼叫作寬容鼓勵的社交環境？就是給他另外一種紅、藍按鈕的選擇場景：「選對了，有一個大獎勵；選錯了，還有個小獎勵；不選，則不會發生任何事情。」這樣才能激勵孩子，讓他敢於嘗試。

北美的老師特別會營造這種環境。我曾教學參觀過北美學校的課堂，氛圍真的很自在無壓力。孩子答對了，老師很自然地誇獎；就算答錯了，老師也會鼓勵說「這是個很有創意的答案，我們看看有沒有更好的」、「你的答案很接近囉」。也有小朋友糾結半天回答不出來，老師也會站在他的立場說：「你可能還沒準備好，別著急。」

總而言之，**無論孩子的回答多麼天方夜譚，都請有友善地回應他。**

你會發現，在北美當地長大的孩子，無論外向還是內向，人人都充滿自信，勇於發言。毛頭和果果雖然也都很內向，小時候超害羞，但是現在都能很從容、得體地和陌生人聊天，比我小時候強多了。

所以，**想要讓內向的孩子敢開口，就要有更包容的心，鼓勵他多嘗試，只要他說了，無論對錯都請讚揚他。**孩子慢慢長大，社交能力越來越強，自然可以更落落大方。平時若碰到尷尬的場景，也不要責備他，要好好地解釋其中道理，平時自己也要以身作則，讓他能有效地學到社交技巧。

願這一代的孩子能獲得越來越寬容的社交環境，讓他們敢於表達自己的聲音。

孩子只哭鬧不說話？教孩子認識情緒

拉拔孩子長大的過程中，經常會遇到這種崩潰時刻，就是孩子「盧小小」到一個天翻地覆，你卻摸不著頭緒：「餓了？睏了？還是想要什麼東西？不會是受了什麼委屈吧？你說啊～你可以說清楚嗎？」

平時很聒噪的孩子這時候彷彿變成了小動物，吐不出半句人話，彷彿只會出聲而已，要嘛咿咿、不然就尖叫、或是淒淒慘慘地哭到天荒地老，發出幾個毫無意義的音節，讓你從困惑到煩躁，最後火冒三丈，卻依然不知道屁孩到底怎麼了。

跟他講過幾百次了：「你是個會說話的大孩子了，不是小嬰兒，有什麼事不要亂叫，請用說的，哭解決不了問題。」慘的是，你越這樣說，他更哭給你看，簡直無法溝通，當父母的頓時充滿挫敗感和無力感。孩子啊，為什麼遇到事情，你卻只會哇哇亂叫呢？

有的家長會覺得孩子這樣是撒嬌任性、故意的，於是展開情緒勒索，如果不能好好說話就不理他，甚至懲罰他。對很多孩子來說，這比要他越級打怪還過份。

為什麼孩子只會哭，不會說？原因很簡單只有三個字——「有情緒」。

情緒和理智是此消彼長的。當你覺得自己邏輯分明、條理清晰的時候，情緒就在睡大覺，但是情緒一旦強勢覺醒，理智就會變弱甚至消失。這相當於原本整齊有序的房間突然刮來一陣龍捲風，瞬間一片狼藉。而語言是表達思維的手段，如果思維混亂得讓人無法分辨，那語言也就失去了功能。

舉一個很簡單的例子，你上台演講時感到緊張，如果你的理智可以壓過情緒，能夠邊想邊講，講著講著就不緊張了；反之，你就會覺得大腦好像一團糨糊，原本滾瓜爛熟的內容全忘光。

那麼，當腦中開始刮起龍捲風、理智斷線的時候，我們如何做決定呢？只能像野獸一樣，用最本能的反應——戰鬥或逃跑。如果選擇戰鬥，會有尖叫、挑釁、恐嚇、施暴…等攻擊行為；如果選擇逃跑，則會哭泣、呆滯、縮成一團躲起來…等迴避行為。

所以，孩子在比較小、說話需要動腦筋去想的時候，一旦產生激烈的情緒，就沒辦法用理性去組織語言，於是就處於「失語」狀態。也可能會出現攻擊行為——發脾氣、哇哇叫、打人、丟東西、打自己；不然就是逃避行為——委屈大哭、硬要討抱、躲到角落或者被子裡…等等。

那當孩子逐漸長大，表達能力越來越好，已經可以好好說話的時候呢？能不能在有情緒的當下就好好表達呢？依然不能。這時候，語言也成了他的工具，除了用肢體，還可以選擇用語言來「攻擊」或者「逃避」。攻擊包括罵髒話、詛咒、進行人身攻擊、故意挑毛病或者扭曲事實…等等。而逃避就是不顧一切地拒絕——「我不要」、「我害怕」、「我討厭」、「別碰我」。

當孩子用語言「戰鬥」或者「逃跑」的時候，雖然看上去是在說話，但依然處於情緒中，處在理智斷線的狀態。這個時候，和他講道理是沒有用的，他會繼續這些行為，直到情緒消解。說到這裡，你會不會發現，有些大人在情緒當下的表現和小孩子並沒有什麼不同呢？

所以，你就會知道，處理情緒的能力（即「情商」的指標之一）並不一定會像智力一樣與年齡成正比。**如果孩子在面對情緒這方面沒有人正確引導，那他可能一輩子都不是一個完整的「人」**——雖然平時給人的感覺很懂事，但情緒一上來，就會變得野蠻，像個「野獸」。

理解到情緒在孩子身上作用的結果，那麼我們如何幫助孩子控制呢？所謂控制，並不是「裝作沒有情緒的樣子」，或者「強行把情緒吞回去」這種野蠻的方式。

有的時候，情緒像一陣大雨，阻止是徒勞的，但只要耐心等待，它早晚會過去；

有的時候，情緒像一場洪水，越堵越泛濫，需要開鑿水渠，進行疏導；

有的時候，情緒像火山爆發，會傷人傷己，需要及時預警和疏散；

有的時候，情緒像一片霧霾，不易察覺，但是天長日久，會對身心有害。

對不同的情緒，要用不同的應對方法。而第一步是要學會識別情緒：

那種酸酸的、澀澀的，心中很痛很難受、想哭的感覺，叫作悲傷；

那種讓雙手冰涼、身體僵硬顫抖、心跳得厲害的感覺，叫作恐懼；

那種讓身體躁動、心裡有火在燒、想要大喊大叫的感覺，叫作憤怒；

那種胸口悶悶的、像有陰影籠罩、看什麼都難過的感覺，叫作憂愁。

當然，孩子還小肯定聽不懂這些，但是沒關係，這正是你要教他的！當他每次被情緒牽著走的時候，你要留心觀察，幫助他識別正在經歷的，當他的理智恢復正常的時候，再和他檢視整個事件：

今天哥哥搶你的玩具，你很生氣，心中像有一把火在燒，渾身不對勁，就忍不住打了他是不是？你生氣是沒錯的，打人媽媽也可以理解，但是我們可不可以想一想，除了打人，還有沒有更好的做法呢？你可以大聲喊「這是我的，我還在玩，不要拿」、你還可以把玩具緊緊抱在懷裡，不讓他搶；你也可以大聲叫媽媽，讓媽媽幫忙。我們試看看下次能不能做到不打人，就解決這樣的問題好不好？

當然，做這樣的推演，你不能期待他聽一次或幾次就有很大的改善，但是日子久了、聽得多了，他自然會開始學著你的樣子去處理，也就學會了描述事件和識別情緒，而且他會根據之前的經驗，想辦法去應對。

只要孩子具有了這兩種能力，在面對情緒的時候，他就不再是個只會吼叫的小野獸。他會像個小大人一樣，順暢地和你說下面這樣的話，也許語氣不夠到位，但至少你能明白他為什麼不高興：

媽媽，我和我的好朋友分開了，我好傷心，我們什麼時候能再見面啊？

媽媽，妹妹又弄壞我的玩具了，我太生氣了，你要把她帶走！
媽媽，這裡沒有我認識的人，我好害怕，你多陪我一會兒吧！
媽媽，這裡沒有什麼好玩的，好無聊，你陪我聊天吧！

他甚至會試圖去幫大人解決情緒問題──「媽媽，你好兇，你又生氣了嗎？」「媽媽，你需要一個抱抱嗎？」

就算可以達到這個程度，孩子以後依然會遭遇很多情緒問題的挑戰，因為他越長大、情感發展越好、情緒就會越複雜。會出現新的及混合型的情緒（譬如三分羞愧、七分憤怒），難以分辨也更難應對。所以，識別與處理情緒這方面的學習，還有很長的路要走，可能要貫穿他整個成長階段。

作為父母，我們就盡力讓孩子在這方面有好的開始吧！如果你做不到上述引導孩子的方法，至少做到別否定他的情緒。在他失控崩潰的時候，儘量多給他一些關懷和溫暖。孩子最不可愛的時候，最需要愛啊！

當然，可能很多家長的當務之急，是認清並且妥善處理自己的情緒吧！

總覺得孩子不聽話，你確定你說得「夠清楚嗎？」

最近，孩子們在練習「重覆指令（repeat direction）」，意思是把老師下達的指令重覆一次。譬如，老師說「換鞋子」，孩子們就重覆一遍「換鞋子」，完成之後才開始換，確保自己聽到了指令，避免走神，或者一轉身就忘記了。

孩子有取悅大人的本能，他們其實喜歡遵守規則來讓大人高興，在他們認同規則之後，死命想要遵守的使命感往往比大人還強。但是很多時候，大人總是用過於抽象的方式下指令，讓孩子暈頭轉向、無所適從，然後就被認為「不聽話」了，其實冤枉得很。

要讓孩子「聽話」，首先要確認他真的聽懂了。尤其是二、三歲的小孩，其實更加習慣於「聽不懂」的狀態。因為自出生起，他就是什麼都聽不懂的，所以往往沒辦法表達出「我聽不懂」。那麼，怎樣才能和他順暢地溝通，確保他們聽到而且懂了呢？

1、少說抽象指令，具體示範更重要

如果你對孩子說：「小聲點，別吵」，自己就要降低音量說這句話，親自示範什麼叫「小聲點」；如果希望他「站好」，你就要先站好給他看。

讓學齡前的孩子認識這個世界，具體直接的視覺刺激更有效，抽象的語言對他來說太難反應。所以，能示範就多示範。家長一個無聲的動作，比千言萬語都管用。

2、分解步驟，讓任務有可操作性

把每一項複雜的任務，拆分成多個孩子可以執行的簡單動作。

譬如，要他收玩具，你說：「把玩具收起來」就比較籠統，他很難執行。你可以分步驟說：「寶貝，把積木放在這個紅色的盒子裡，再把小汽車收到那個黃色的盒子裡，最後把紅色和黃色的盒子放到架子上。」

當然，如果你邊示範邊說，效果會更好。收完之後，你可以做個總結：「這就是收拾玩具啦，看看你，收得多乾淨啊！」慢慢地（不是一兩次就可以哦，需要很多次），他就會懂什麼是分類、什麼叫收玩具了。

其實，很多你覺得簡單的事情，譬如，洗手、換衣服、穿鞋，對孩子來說都很複雜，你都需要耐心地拆解步驟，不要以為他可以聽懂，雖然他看上去是一副聽懂的樣子。

3、看著孩子的眼睛說話，確保他有在聽

孩子的大腦都是單向任務系統，有時候他正在專心地探索（搗蛋）、神遊，或者已經過度興奮停不下來，這時候，他是什麼都聽不見的。說話的時候，看看他有沒有把注意力放在你身上，如果他並不是處於聆聽狀態，就要先讓他把注意力抓回來。千萬不要突然喊他，這反而會讓他很惱怒或嚇一大跳，對順暢溝通沒有好處。

4、訓練孩子的語言能力

幫助孩子拓展詞彙量，經常描述自己或他人的動作，盡可能讓孩子知道更多的形容詞、動詞，也有利於讓他更好地理解大人發出的指令。如果有新的單字和概念要教他，解釋一遍是遠遠不夠的，他轉眼就忘記了，一定要反覆練習，他才能漸漸領會。

這些看起來好像很簡單，做起來卻有點難。作為缺乏耐心、忙亂無趣的成年人，

總是會忘了我們的孩子還只是孩子，總覺得這麼簡單的事情，他應該早就懂了。而事實上，學齡前的孩子，尤其是平時和父母較少對話的孩子，理解力是非常有限的，對大人說的很多話都半矇半猜，不要太高估他們。

所以，**以後當你再抱怨「說一百遍，孩子都不聽」時，先問問自己：「我說的話他聽懂了嗎？」**

拒絕孩子的要求，有溫柔不傷人的方法

說到管教孩子，總會看到很多媽媽這樣吐槽：「爺爺、奶奶、爸爸對他全都有求必應，全家只有我一個人堅持原則，我也是為他好啊，就只有我在『扮黑臉』，很委屈耶！」唉，其實哪個當媽媽的內心不柔軟呢？尤其看著孩子用泛著淚光的無辜眼神看著你，誰不想說：「你想要的我全給你！」

當然，我們可以在條件允許的情況下儘量滿足孩子的願望，但是生活畢竟不是童話，我們家沒有土地、媽媽的精力是有限的、時間總是不夠用的。規矩總是要有，熊孩子是不能養成的，小朋友終究是不能為所欲為的。

在孩子成長的過程中，總要有人「扮黑臉」。那麼要如何好好扮演這個角色，才能不傷害孩子的感情呢？讓平時總是黑臉的橙子和大家分享一下經驗。

據實以告，不推卸責任

有一種拒絕孩子的方式最殘酷，但也是很多家長習慣的作法，就是反過來指責他，「你的要求太過分／不合理／太愚蠢」。孩子想吃雞蛋糕，大人說：「這路邊攤的不衛生，而且肯定不好吃！」他弄丟了心愛的東西想要找回來，大人說：「那個破玩具一點都不值錢，找回來幹嘛！」

還有一句經典拒絕台詞：「你怎麼這麼麻煩！」聽起來是不是都很熟悉呢？

為什麼這種拒絕方式最傷人呢？因為本質上屬於一種甩鍋行為，把「拒絕」所帶來的愧疚感甩到孩子身上：「提出這種要求，是你的錯、是你不懂事，你才是那個『壞人』，而我拒絕你不懂事的要求是應該的、是對的，我是好人，不必感到愧疚。」

其實，**並非不能拒絕孩子，但這種「反將一軍」的方式應該是最糟糕的。**孩子遭到了攻擊，會非常委屈：「我只不過提出個請求，說出自己內心的想法而已，怎麼就變成『不懂事』的『壞孩子』了呢？」

之後，他克制提出自己的渴望，這時你覺得輕鬆省事多了，但是他一定會耿耿於懷，於是親子關係開始產生嫌隙。而且，**這種孩子在外面也會畏畏縮縮，不敢向別人表示需求，因為內心深處覺得這樣做等於犯錯。**

記得我小時候有一次，覺得班上其他女孩穿的那種蕾絲裙很漂亮，回家跟媽媽說自己也想要穿。我媽卻說：「你這麼胖，穿那種裙子根本就不好看。」說得我啞口無言。這句話真的讓我傷心了很多年、讓我覺得自己醜、覺得媽媽嫌棄我，後來再也不敢提出關於「打扮」的要求了。

所以，**希望大人們在拒絕孩子的時候不要推卸責任、不要指責、不要否定，據實以告，直接說理由：**「我覺得這個小吃不衛生；我們現在沒有時間找你的玩具；我好累，現在不能陪你玩了。」請用最簡單的拒絕方式！你拒絕人家，傷了他的裡子，你就要損失一點面子！

不情緒勒索、不威脅

還有一種方式也很惡劣，就是情緒勒索。在孩子被拒絕生氣之前，自己先露出一副要生氣的樣子，孩子被嚇到後，頓時覺得自己理虧，想說出口的話就全吞回去了。

經典台詞是這樣的（注意，都是極度質疑的語氣）：

你說什麼？

你再說一遍！

你怎麼會這麼想？

你膽子很大耶，居然提出這種要求！

「裝兇」這一招比甩鍋還要妙，連理由都不用找，直接用氣勢壓制。可是，如果這樣有用，那還要道理幹嘛？

你不跟孩子講道理，他也不會跟你理性溝通，反正誰氣勢強大誰就贏。孩子也會有樣學樣、先發制人，在提出要求的時候就先發脾氣，整天吵鬧或者一臉憤怒，學不會好說好商量，脾氣不好就是這麼遺傳的。

推卸責任和情緒勒索是拒絕孩子的大忌。那麼，正確方式該怎麼做呢？

1、肯定孩子的感受

我知道那個點心看起來很好吃，所以讓你特別想吃。

我知道你想找回那個玩具，你真的很喜歡那個玩具吧。

我知道你還想玩捉迷藏，捉迷藏很好玩，你還沒玩夠對不對？

2、說出拒絕的理由

可是媽媽覺得路邊攤真的很不衛生也不健康。

可是媽媽現在真的沒有時間去找它了，而且也未必能找到啊。

可是媽媽現在真的很累了，玩不動了。

3、安撫孩子

我知道，你很失望對不對？你需要媽媽抱抱嗎？還是要自己靜一下？

4、等孩子情緒平復後，提供替代方案

那我們買個大西瓜回家吃好嗎？

那媽媽保證，之後有機會買個差不多的玩具給你好嗎？

那我們不玩捉迷藏了，媽媽陪你畫畫好嗎？

其實，我們當父母的真的無須為了拒絕孩子而感到愧疚，要讓他知道你只是普通人，而不是小叮噹。孩子走向社會，也一樣會被人拒絕，他也應該學習如何應對被拒絕後的情緒。如果你總是竭盡全力實現他的願望，那麼他只會習以為常，不知感恩。等他長大了，願望越來越難實現了，一旦你說做不到，他反而會對你深感失望。

只有當你懂得如何說「不」的時候，你的「好啊」才會有價值！相信我，即便經常打槍你的孩子，你依然會是個好媽媽！

隨口取笑孩子的長相，是他自卑的源頭

記得有一陣子，每次我在社群軟體上發兩個孩子的照片，都很害怕看到我媽留言，因為她回覆的風格如下：

毛頭，你怎麼黑成這樣啦？

果果，你不要再吃了啦，雙下巴都出來了！

這兩個長得真像，眼睛都那麼小。

雖然我媽也會稱讚孩子們可愛，但是好像永遠都在找機會吐槽他們的顏值，這彷彿是她表達愛的一種方式，隱藏的意思就是「雖然你們長得很醜，但外婆還是很喜歡你們」。我如果問她：「我們家孩子明明就長得很好看啊，為什麼總愛嫌東嫌西？」

她的反應就好像我說了什麼笑話一樣，她會說：「好看好看，小眼睛、塌鼻子也很好看！」

有這麼一個「愛損孫子的媽」，你就知道我為什麼會成長為一個骨子裡很自卑的人。從小我就非常清楚自己外貌上的缺點，因為我媽會不停地告訴我，臉太圓、眼睛太小、鼻子塌、下巴小、牙齒不整齊、膚色黃黑、頭型不好看。對了，還有胖！用我媽的話說，我就是完全遺傳我爸媽兩人的缺點。

現在看自己小時候的照片，我覺得至少還稱得上「可愛」吧！可是我媽連兩個字都吝於稱讚。每當我穿了件新衣服或換了個新髮飾，自我感覺良好，然後問她說：「我是不是很可愛！」，我媽就會說：「是啊，只要你眼睛再大一點、鼻子再高一點、臉再小一點、皮膚再白一點……就很可愛了！」我還清楚地記得，有一次，我很想綁辮子，但我媽覺得留長頭髮特別麻煩，一直堅決要我剪短，她說：「你這種頭型，綁辮子很奇怪，還不如短髮俐落好整理。」

總而言之，整個童年，我媽幾乎時時刻刻都在傳遞一個訊息：「你長得不好看、你省點力氣、省點錢吧，就算打扮了也一樣。」這種認知導致我從小到大對自己容貌的評價一直很低，甚至不愛照鏡子，因為我討厭自己的長相和身材，無法面對有缺陷的自己。我不敢上台說話或表演，因為我長得不好看，還是不要出來丟人了；我不喜歡接觸陌生人，因為我覺得陌生人不了解我，看到我長這樣，一定會不喜歡我；我也沒太大興趣打扮自己，因為也不會好看。

雖然長大以後，我有了閨密也交了男友，讓我重新認識了自己。在理智上瞭解了自己長得其實也不算多差，但我總會毫無緣由地心虛，對拋頭露面、和陌生人打交道這類事情，就是會懷有巨大的心理壓力，雖然可以克服，但總讓我不自在，所以能躲就躲。

我想我可能永遠都無法成為自己一直很羨慕的那種，總是自信滿滿、神采飛揚且氣場強大的人，雖然我可以在其他方面彌補，但缺乏自信心對我的生命來說確實是一種局限，我真的不想讓孩子們也像我一樣。

前些天，我在一篇文章中提到，現實中我是個有些自卑的人。很多讀者留言問我：「既然你覺得自己是自卑的，那要怎麼培養孩子有自信呢？」我覺得對於低齡寶寶，**培養自信的第一件事就是讓孩子認同自己的身體，喜歡自己的樣子。**如果連他都討厭自己的長相，那自信又從何而來呢？每個孩子都是自戀的，天生認為自己是最好的、最棒的、最值得被愛的，並且希望自己最親密的人能夠感同身受。

可是，孩子呱呱落地，所擁有的一切都是父母給的。他並沒有擁有學識、能力、人格魅力…等，其他能證明自己的東西，就只有這副身體。只有讓他認同自己的身體是美的、好的，才會覺得旁人有足夠的理由喜歡他、愛他。如果他總是接收負面反饋，自我否定，那麼就算父母夠愛他，他也總會預設新環境和不熟悉的人對自己是有惡意的，一直畏縮膽怯。最終，這種童年會變成一種深刻的烙印，難以磨滅。就算成年之後在其他方面有了成就，也會莫名缺乏自信，認為自己不配被人欣賞，如果有人喜歡自己，那也是僥倖，對方遲早有可能變心，因為自己並不夠好。

我們總是說「相由心生」，**一個人的心態對容貌其實是有很大的影響，自信的人就會有與眾不同的神采。當你真心相信自己是美的，就真的會越來越美；如果你缺乏自信，總是哭喪著臉，就只會更加影響自己內心。**就算去整型，理論上已經漂亮許多了，但照鏡子的時候，你永遠只聚焦在微不足道的缺點，依然覺得還是不夠。這也是許多人整型成癮的原因，因為無論怎麼整，自己都不會滿意，問題並不出在臉上，而出在心裡。

所以，無論你的孩子長相如何，作為他的父母，一定要永遠當他的「腦粉」，每天用各種方式告訴他：「寶貝，你真的好～～可愛、好棒！爸爸媽媽一直一直很愛你！」這樣才有說服力啊！

可能有人會問，如果孩子覺得自己長得好看就過於自信，自以為是怎麼辦？可是，我怎麼聽說顏值越高的人，脾氣也會越好呢？因為這些人得到的反饋總是很善意友好，當然脾氣好。如果一個人真的覺得自己長得好看就脾氣糟糕、為所欲為，那一定是因為他的父母過於關注他的外貌，而忘記教他規矩，疏忽了其他品格的培養。顏值和教養，這本來就是兩碼事，不能混為一談！

那培養幼齡兒童的自信，如何在生活中具體落實呢？

橙子在這方面還是很有經驗的，基本上就是把我媽當年做的那些事反過來操作就沒問題了：

1 每天至少親一次孩子的臉頰，告訴他：「你真漂亮，你好可愛！」

2 當孩子笑的時候，告訴他：「你笑起來好甜美！」當孩子哭的時候，不要給予負面評論。

3 幫孩子拍照，並且和他一起欣賞，同時讚美他：「你這個表情很可愛耶！」「那

個姿勢很帥氣喔！」……等等。

4 **讓孩子穿得體、合身、設計好看的衣服。**

5 **讓孩子留一個適合的髮型，而不是隨意剃短。**

6 **當孩子覺得自己美美、帥帥的時候，請附和並贊同他的感受。**

7 **當別人稱讚孩子外貌佳的時候，請欣然接受，並且教孩子說「謝謝」。**

8 **永遠不要提及孩子身體或者容貌上的任何小缺陷，只要你不說，這個缺點在孩子身上就不存在。**

9 **無論男孩女孩，都鼓勵孩子按照自己的想法打扮，塑造自己的形象。**

在這個和平繁榮的年代，「顏值即正義」已是真理，你卻還不願意誇獎孩子漂亮嗎？想要擁有一個自信滿滿的小孩，就請正視並承認他的美好。告訴他，你長得很好看，其實在傳達：「你值得被人喜愛，你值得擁有最好的一切」。

願每個孩子都能喜歡鏡子裡的自己，都能夠以自信的姿態迎接未知的一切。

「獨樂樂不如眾樂樂」，引導孩子交朋友

寶寶一歲以後開始慢慢會說話，學會更多技能，很多父母會開始關心孩子的社交問題，因為一～三歲的寶寶，好像總會在和其他小朋友相處的時候惹麻煩，就連親兄弟姐妹也不例外。不是搶玩具就是莫名其妙地打架，沒兩分鐘就會雞飛狗跳、尖叫哭鬧連連。

而另一種情況彷彿更令人擔心，那就是當孩子「自己一個人玩」或者「在旁邊看別人玩」，似乎顯得「很不合群」。於是父母開始疑神疑鬼：「寶貝是不是有自閉症？」無論處於同齡環境是愛打架還是愛一個人玩，都指向一個問題，就是社交能力不足。

當然，這並非不正常的，一～三歲這個年齡層的孩子都處於發展和學習人際關係的階段，想讓這個階段的寶寶和朋友長時間愉快地玩耍，有點要求過高，尤其是男孩子在這方面的發展普遍要比女孩子慢一些。

幾乎所有孩子都會經歷「不合群」和「打架」階段。

一般來說，二歲以前的孩子容易讓人覺得不合群，比起一起玩，更喜歡各玩各的。英文有個詞叫做「平行遊戲（parallel play）」，兩個二歲以下的小孩在一起，很可能經過一個小時也沒有什麼像樣的互動，頂多互相看一下對方，主要還是黏媽媽。當然，如果想玩對方的玩具，也是有可能直接去搶的。總而言之，**不要指望二歲以下的小孩之間能有什麼良性友好的交流溝通。**

即便如此，也不代表二歲以下的孩子不喜歡交朋友，他只是缺乏能力而已，比起真正一個人玩，他還是更喜歡有個玩伴。這樣他就可以觀察對方、模仿對方、從對方玩玩具的方式中獲得靈感……等等。所以，你也會發現，只要有其他小朋友在場，你的孩子都會比平時安靜一些、少黏人一點，他雖然沒有互動，但注意力已經被對方抓走了的。

所以，**即便你的孩子並沒有和其他小孩「一起玩」，也不要放棄替他找玩伴，孩子在「平行遊戲」的過程中也在學習，觀察和模仿是他們增強社交能力的第一步。**

當孩子到了二歲左右，他的社交能力進一步發展，會開始渴望和其他孩子「互動」，只不過這個時候，他完全不知道與人相處的分寸和規則，就進入雞飛狗跳的「打架階段」。

打人的原因錯縱複雜，有可能是搶玩具、爭空間、也可能只是看對方不順眼，或者單純討厭對方說話或觸碰自己的方式，更有機會是純粹因為心情不好。

二～三歲的孩子自我意識很強，比較任性，加上物權意識甦醒，因此社交衝突最常出現在這個年齡層，這也是讓媽媽最焦頭爛額的時期。

這個時候也是培養孩子的社交能力，幫孩子建立社交規則和秩序的好時機。

經常有爸媽和我說：「我的小孩無論怎麼說，就是愛打人、愛推人、不守規矩，也不懂輕重。打也打了、罵也罵了，一點用都沒有。」以下的舉例可能有點不好，但我們生病看醫生吃藥到痊癒也要好幾個療程呢，想讓孩子養成良好的行為習慣，哪裡是短期就能見效的，要有耐心啊！

可以說，從二歲到三歲，這整整一年時間，你就調整好心情、放寬心，盯緊你的孩子，一旦他出現不良行為，馬上把他拎走，冷靜之後再回來玩，再犯就再帶離現場，三犯就回家。一百次沒用，就重覆一千次，**孩子總會慢慢領悟到有些行為是不被允許的，進而開始遵守社交規則。**

除了避免壞習慣，你也要教孩子如何運用正確的方式和對方溝通，可以這樣告訴他：

如果你想玩別人的玩具，不可以直接搶，要問那個小朋友，我可以玩一下嗎？

如果你想和別人交朋友，不可以一頭撞過去抱住對方，要先揮揮手引起對方注意，再看著他的眼睛問：「可以跟我一起玩嗎？」

如果你討厭哪個小朋友，不可以推他，但是可以避開他，或者說「我不想跟你玩。」

這些行為都可以在家裡用實境演練的方式訓練孩子。說到這裡，我也建議父母們，想要提高孩子的社交能力，最好讓他有個長期的、固定的玩伴，這樣有兩個好處：

一方面可以讓孩子保有熟悉和安全感，讓他能夠大膽去社交。很多小朋友是慢熱型的，面對陌生的環境，總處於保守狀態，好不容易鼓起勇氣，每次換一個人又要重新花時間熟悉，就很難有所鍛鍊。

另一方面，每個孩子的習慣都不一樣，長期大量接觸同一個人，也會讓他更容易累積經驗。如果今天遇到一個害羞的，明天又遇到一個熱情的，他表現出同樣的舉動得到的反應都不一樣時，就比較容易產生疑惑，社交技巧就會進步得比較慢。

當然，在公園或自家社區認識新朋友也是好的，只不過提供孩子更多的熟人環境，會提高他與陌生人相處的自信。

如果各方面條件允許，最好能讓孩子進入年齡稍大一點的群體中，即便融入不了，也可以學習大孩子之間更加成熟的互動方式。

注意，替孩子尋找玩伴，一定要確認對方家長和你有相同的育兒理念，讓孩子們都能遵守同樣的遊戲規則。如果你這邊管教孩子，但對方小孩卻隨便打人，家長也不管，就不要讓他們一起玩了。

孩子之間的契合度也很重要，他們打打鬧鬧、互相搶東西很正常，但如果每次玩都是你的孩子受氣，而對方一直占上風很高興，就說明這個關係不平等，也就表示對方不是一個好的玩伴。

面對自家孩子的社交狀況，當父母的特別容易犯兩個錯誤：

1、怕孩子「吃虧」

時不時被巴一下頭、玩具被搶走、被推擠，這些情況在孩子不懂事的互動中非常正常，你的孩子也會經常這樣對待別人，這都是社交能力不足導致的。及時干預制止就好，不必因此大動干戈，甚至和對方家長吵起來，因為「有時吃虧，有時占便宜」才是人際關係的真實面貌。在成年人社會中，那些總是「占便宜」的人也無一不是人緣極差者。如果你的孩子在你的保護下，總是非要在群體當中占上風，或者時常有一種「被害妄想」心態，對社交這件事有誤解，那他就更難真正交到朋友。

2、過於極端，教育孩子「謙讓至上」

欺負別人固然不對，但也不能總讓孩子「永遠退讓」，屬於他自己的利益要保護。玩具被搶了，要幫他要回來；被打了，要幫他和對方家長溝通，要求對方孩子道歉，或者家長代為道歉。當然，對方真的不道歉也沒辦法，但是這個動作一定要有，目的是讓他瞭解這件事是對方做錯了，而不是自己的問題。不要因為對方孩子哭鬧、對方家長不講理，礙於面子而犧牲自己孩子的利益。

雖然一～三歲這個年齡層的小朋友的社交互動總不受控，造成各種失控局面，但是隨著年齡的增長和經驗的積累，小朋友會慢慢體會到「有朋友」的樂趣，他會在三歲左右開始出現「合作行為」，也會越來越樂於分享自己的東西。當然，就算年紀再大一點的小孩，也還是會有各種交友相處狀況發生，但是較不頻繁。當孩子五歲左右的時候，基本上就可以完全讓他跟玩伴玩耍，他們可以自己消磨掉大半天。

黏人屁孩和朋友們玩到不想回家，忘記媽媽的美好時光還是指日可待的。

第3章

培養學習力，讓學習成為一件自然而然的事

比起「由大人糾正錯誤，間接打擊孩子信心」這種傳統模式，讓孩子自我修正，才是真正充滿內驅力和成就感的學習過程。

要不要安排早教課程？焦慮型父母看過來

在群組裡做了個問卷調查，想問問媽媽們現在最在意哪些育兒話題。結果挺出乎我意料，這群參與調查的媽媽們的孩子基本上是兩歲左右，她們最擔心的居然是教育問題，而且數據遙遙領先。

回想起我家毛頭跟果果在二歲左右的時候，我最關心的問題應該是「怎麼才能忍住不把他們扔進資源回收桶裡」吧。在早教問題中，最讓媽媽們糾結的是：「到底要不要上早教啟蒙課程？」對此，我的觀點概括來說就是：**「上早教課程是很好，但不是非上不可。要不要安排，主要看家庭經濟條件，有一絲心疼學費的感覺就不要上，在家裡多和寶寶互動也可以達到差不多的效果。」**

我相信這個觀點並不新穎，屬於比較主流的育兒觀點。但是，也有很多父母留言提出質疑，並不認同我這種佛系作法。理由是家中的場地條件和早教班不能相提並論，老師也比家長更會啟發寶寶。而且寶寶在上了早教班之後，也確實變得更加聰明活潑、外向會表達，還學會了不少東西。父母們表示，就算費用很高也還是會報名，因為自己的孩子值得擁有最好的。

就是出於這種「給孩子最好的」的心理，年輕爸媽一代比一代還焦慮。近年，各種名目的早教課程熱度不減反增，很多家長咬著牙也要讓寶貝去上課，要不然就會心存愧疚，覺得對不起他。

這種情況也讓更多難以負擔學費的父母非常焦慮和迷茫：「家裡經濟條件不好，孩子就輸在起跑線上了嗎？」我其實從來都沒有否認早教班的環境要比家裡好，專業正規的早教班也很實在，確實對孩子各方面的發展有幫助。但是，這份「更好」就真的「值得」嗎？

我們從經濟學思維的角度來看：**評估做一件事是不是「值得」，不能只看它是不是讓情況變得「更好」了，還要著眼於它的「機會成本」**。譬如，你有一筆錢，你選擇用它來炒股，三年下來增值了五%，那能說你炒得很成功嗎？不一定啊，如果你拿這筆錢來買房，三年後增值一〇%可能都算少的，相比之下，就虧大了。

這就是機會成本的概念：**花了這些成本，不應該只盯著「你得到了什麼」，還要去考慮「你放棄了什麼」。**你用這種思維來看要不要報早教班的問題，就會有全新的看法：

上早教班一年要花幾萬塊，如果是很正規可靠的早教機構，寶寶也適應得不錯，確實能讓他學到一些東西，各種能力發展會比你自己教更好一些——這是你得到的。但是，你放棄了什麼呢？放棄了這筆費用。

對有些家庭來說，這幾萬塊只是帳面上少個零頭的事，對生活沒有任何影響。但是，對更多家庭而言，少了「它」可能意味著更多：

意味著花費要更省了，生活品質受到影響；意味著每筆開銷都要更加精打細算，可能會引發更多的家庭矛盾；意味著父母承受的經濟壓力增加、工作壓力更大、工作時間更長；意味著休閒娛樂消費被迫減少，讓父母有更多犧牲感……。

收入越少，額外的這筆支出背後的代價就越大。而代價越大，就越意味著可能有更緊張、不和諧的家庭關係。「可能」讓孩子更聰明一點點，但和上述這些付出的代價相比，哪個更值得呢？

況且**人對回報的期待值與付出多少是成正比的**：如果你隨手花兩百塊買張彩券，

就算沒中你也無所謂；如果你把全部身家押去投資一個項目，哪怕只賠了二〇%你都想一頭撞死算了。

這幾萬塊對你來說意義越大，就越容易讓你的心態變得過於功利：花了這麼多錢，我總不能白花吧？所以，當你看到孩子在早教班的表現不好，僵硬、發呆、坐不住、拒絕互動、哭鬧的時候；當你的孩子上完課程卻沒什麼改變，依然反應不佳、害羞、不機靈、愛搗蛋的時候，你還能夠淡定地給他更多機會，讓他慢慢適應，讓他按自己的節奏成長嗎？

還是會感覺自己被機構騙了，又或者覺得自己的孩子不爭氣，忍不住去嘮叨指責，甚至訓斥羞辱他？花了這些錢，他是可能得到了一些很好的學齡前培訓，卻失去了健康心態的父母。那安排這個「他值得擁有」的早教課程還「值得」嗎？

上早教班確實對孩子的發展有好處，但也是有限且難以預測的，而且對每個孩子的效果也不太一樣，具體能讓你的寶貝聰明多少，非常難說，充滿不確定性。但是，可以肯定的是，他並不會因為上了早教班就有什麼脫胎換骨的巨大改變，課程不會讓一個內向的孩子變外向，也不會讓一個遲鈍的小孩變敏捷，更不會讓一個平凡的人變成天才。如果你發現他有所不同了，說明他本來就有這種資質，不上早教課也埋沒不了他。

但是，如果父母過度在意財務支出，而對孩子上早教班投以高度期待，就會強加給孩子太多壓力和負面評價。

所以，要不要安排早教課程，對每個家庭來說，答案是不一樣的。如果花這筆錢會讓你改變心態，那就不如不上。

如果你還是心癢難耐，那就在蠢蠢欲動要掏錢的時候先做個假想實驗：如果這筆報名費不小心丟了，你是會氣急敗壞、捶胸頓足，好幾天平靜不過來，還是可以很淡定、不受影響呢？相信你很快就會有答案。

不死記硬背單字，孩子也能學好英文嗎？

最近我家毛頭小朋友，開始正式閱讀《哈利波特》系列小說，雖然他一開始有點被書的厚度嚇到，不情不願地開始，但是才讀完不到半章，就已經默默著迷於這魔法世界中了。

這兩天，已經沉迷到叫他吃飯、睡覺都聽不見的程度，還會邊看邊不停地發出陣陣笑聲，非常投入。說實話，對於他可以把英文版的《哈利波特》真正看進去，還能看到覺得有趣的程度，我實在有點吃驚。這代表他的英文程度已經超過我了，我雖然也看得懂，但是還真的無法像他讀得如此自在還津津有味。

當然了，出身在英語系國家的小孩，英文比父母好，好像沒什麼稀奇的。但是，我親身經歷這個過程之後，想法被顛覆了。因為毛頭學習英文的過程和我想像的完全不一樣，以我小時候的標準來看，他這幾年根本就是把學英文當兒戲。

他五歲進小學的學前班，也稱作幼升小銜接班，可以說完全是零基礎，英文二十六個字母不熟就算了，口語也只限於一些幼稚園程度的生活用語，一旦老師上課講點複雜的就聽不太懂了。

他還上過學校專門為移民小孩辦的「英語補習班」，但是這個補習班一周就上兩、三次課，而且不占用課外時間，也沒有額外作業，具體學了些什麼我也不知道，反正上完一年多，也沒看出他有明顯進步。

整整一年，毛頭只學會了兩項：一是二十六個字母怎麼唸怎麼寫，二是每個字母在單字中的發音。注意，並不是記住一個字母所有可能的音，只需要記住最常見的就好，譬如，「C」在單字中有「S」和「K」兩種發音，孩子只需要記住「K」就可以。

當時我雖然覺得他學得很慢，但也沒有特別著急，反正是銜接階段嘛，邊玩邊學就好。等上了一年級，應該會正式開始「精實地」學英文了吧。結果到了一年級，還是這麼悠栽的節奏，老師從來沒有說過「一個單字寫五遍」這樣的話，也沒說要背單字、學造句，作業不但很少，還可以隨便亂寫！老師除了誇獎還是誇獎，對孩子作業當中特別明顯的拼寫錯誤都視而不見。唯一出了比較像樣的作業就是背「sight word（常見單詞）」，也就是英文中出現頻率最高的字，像the、a、and、I這種，非常簡單。

毛頭每周會拿回一疊小卡片，上面一共也就十四～十五個單詞，然後讓我每天考他，認識的就跳過，不認識的就再考一遍，背一周之後讓老師抽考，考過了再給他第二疊。

這其實不能算是真的在「背單字」，因為孩子只需要做到「認識」就算過關，完全不用學會怎麼寫。譬如，在書上認識「what（什麼）」這個詞，但他的記憶十分模糊，當他想要寫這個字的時候，是隨便亂拼寫成「wat」或者「whot」甚至「wot」，都是有可能的，老師卻也對這種視為正常。

但就算是這種隨性的認單字作業，也在毛頭認完第八組卡片之後戛然而止，再也沒有後續了，好像孩子模模糊糊地認識這百來個單字就足夠了。

一年級快結束的時候，毛頭會的英語詞彙量太少，這讓我非常擔心，雖然可以勉強強地看懂很簡單的讀物了（這還是我自己在家裡特訓一個月的結果），但是基本上每句都會有拼錯的字，寫的句子更是看不懂。

這導致我越來越焦慮，不禁認為公立學校對孩子的學習不夠嚴厲，這樣下去是不行的，於是在毛頭升二年級的時候，將他轉進私立學校。結果私校只是教學內容更多樣，學習形式更豐富而已，學習強度並沒有提高，依然沒有任何重複訓練。當然，學校也是有「spelling（拼寫課）」，只是內容並不是要求孩子記憶單字的拼寫，而是讓孩子體會一些特定字母組合的發音規律：

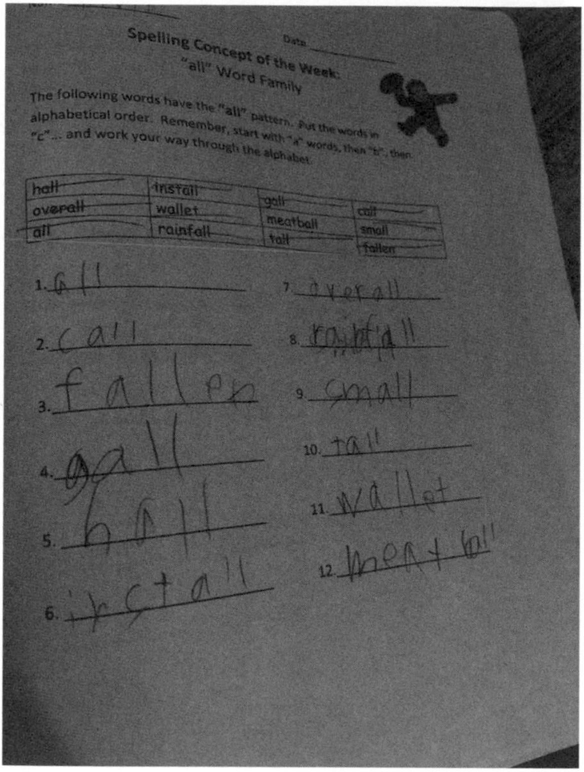

按照首字母順序排列有「all」發音的單字

而在課堂作業中，孩子用錯誤連篇的單字把句子寫得亂七八糟，老師完全不會糾正。

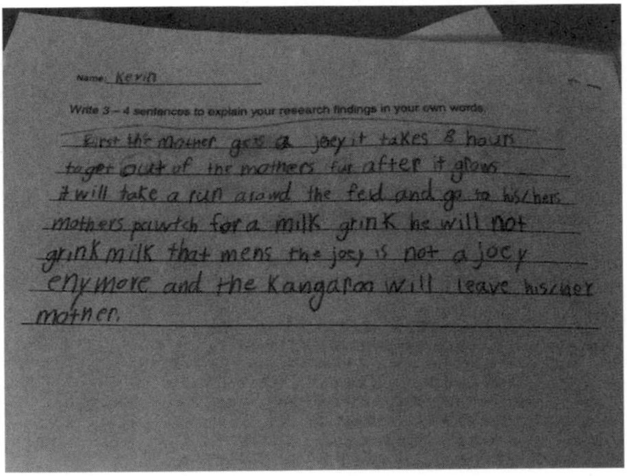

Name: Kevin

Write 3 – 4 sentences to explain your research findings in your own words.

First the mother gets a joey it takes 8 hours
toget out of the mothers fur after it grows
it will take a run arond the feld and go to his/hers
mothers pauwtch for a milk grink he will not
grink milk that mens the joey is not a joey
enymore and the Kangaroo will leave his/her
mothen.

毛頭的課堂作業

這是毛頭二年級時的一次課堂作業，乍看寫得不錯，但是仔細讀會發現錯誤百出，around 寫成 arowd、field 寫成 feld、drink 寫成 grink、anymore 寫成 enymore、mean 寫成 men……。

這樣的玩意兒難道不應該被老師畫得滿江紅嗎？可是沒有，什麼鬼都沒有！我不明白老師為何如此沒作為，難道要讓孩子誤以為自己寫得都是正確的嗎？每次開家長會，我都會問老師，拼寫有這麼多明顯錯誤，真的沒問題嗎？真的真的沒問題嗎？當然，每次老師都會回答我，真的真的真的沒問題，這個過程是非常正常的，以後自然就會改過來。

明明有錯誤都不去糾正，怎麼可能期待孩子自己能調整呢？你們外國人學單字是靠心電感應嗎？但是，事情就是這麼神奇，這孩子好像真的有心電感應似的，自然而然就修正了自己的拼寫錯誤。譬如，我非常清楚地記得，毛頭以前寫 from，永遠都寫成 fram，這次糾正了，下次依然寫錯，多提醒兩句他還會哭。可這些時間下來，人家不知道何時自己就改過來了。

不只這一個單字，許多他以前總是拼錯的，後來也都寫正確了。當然，當他學了新的詞彙時一樣會錯，只是過不了多久又會漸漸自行糾正。他的單字量居然就這樣紮紮實實地增加了。去年這個時候，他讀書拼單詞還像便秘一樣，今年竟然可以把讀《哈

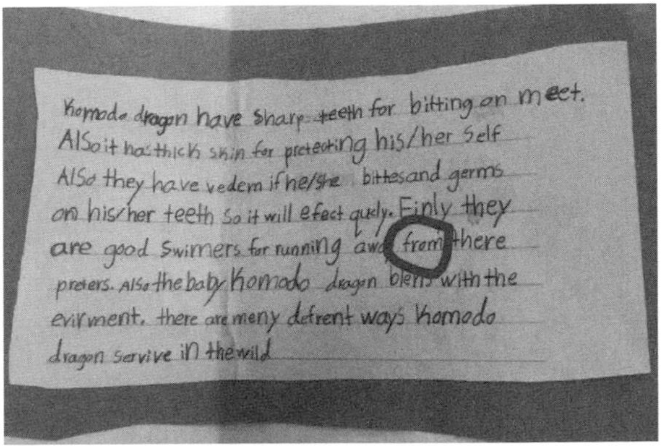
Komodo dragon have sharp teeth for bitting on meet.
AlSo it has thick skin for preteacting his/her Self
AlSo they have vedem if he/she bittesand germs
on his/her teeth So it will efect quckly. Finly they
are good swimers for running away from there
preters. Also the baby Komodo dragon blens with the
evirment. there are meny defrent ways Komodo
dragon servive in the wild

「from」拼對了

利波特》當娛樂了，雖然他依然會把 meat 寫成 meet，但這完全不影響他的閱讀。

毛頭學英文的過程真讓我開了眼界。以前我一直以為，學習一種語言，熟記單字、會拼會念，難道不是基本功嗎？可是，北美這種學習方式真的完全顛覆我的認知：不記不背不刻意練習，錯得千瘡百孔，居然也完全沒問題！

尤其是孩子對單詞拼寫錯誤「自行修正」的過程，一度讓我非常困惑。百思不得其解的我，只好問毛頭是怎麼做到的。他回我：「很簡單啊，我拼單字的時候，知道自己是瞎猜的啊，之後在書上看到就會發現我原來猜錯了，下次就換一種猜法；如果我猜對了，就很高興，就會記住正確的猜法了。」

原來，小朋友腦子裡有一套「自我糾正系統」啊！而且這套系統運行起來，居然讓糾正的過程像玩猜謎遊戲一樣，有趣又充滿挑戰。**比起「由大人糾正錯誤，間接打擊孩子信心」的傳統模式，讓孩子自我修正，才是真正充滿內驅力和成就感的學習過程。**頭一次發現學英文也可以這麼隨心所欲啊！

回想一下我小時候的經歷，真感覺自己學了個假英文，把大量時間和精力花費在背單字，既痛苦又沒效率，努力學了十多年，經過各種訓練和考試，很多背得滾瓜爛熟的詞依然不太會用，作文書寫能力還不如一個剛學三年半的小學生。

很多人學英文之所以學得特別辛苦，主要是因為忽略了重要的一點，那就是英文是拼音文字，其實完全不需要像學中文一樣，搞得那麼精確，牢牢掌握每一個字的寫法。學習拼音文字的優勢就在於，只需掌握全部字母和基礎的拼讀規律，接下來就可以連矇帶猜地去閱讀書寫。然後像我家毛頭一樣，不斷地玩「自我糾正」的遊戲，輕易就可以在英語學習中登堂入室。就算一個單字都沒認真背過，也可以享受閱讀原版《哈利．波特》的快樂。

我還特意查了一下，能看原文《哈利波特》的人，至少要認識四千個單字，這把我嚇傻了，也不知道這平時只知道悠閒度日的屁孩什麼時候就學會這麼多了，雖然肯定絕大多數沒法拼正確，但這個量也十分可觀了。關鍵是他學得也太輕鬆愉快了吧，真是讓人羡慕嫉妒恨啊！

所以，**學英文，想要不那麼痛苦，就應該以類似學習母語的方式。先學口語，最好能練到聽得懂、會說很多內容，學一些自然拼讀規則，然後就儘快開始應用，大量閱讀和寫作，快速地認識和使用更多詞彙，讓英語學習變得更有意義、更有趣，進而**

有利於堅持學習。至於準確拼寫，雖然考試就是會考，卻是英語學習中最細枝末節的部份，只要看得多、用得多，會寫是早晚的事，倒真的不用為此花費太多時間和精力，非但效率低，也讓學習充滿挫敗感。

我知道在非英語環境中學英文的情況跟毛頭是很不一樣的，有很多家長可能很難有條件讓孩子進行太多口語和聽力方面的「自然拼讀」學習。但是，無論如何有一點是肯定的，那就是「單字背不下來」或者「容易拼錯」，是英語學習中最不重要的事情。至少，父母在這方面真的可以少一點焦慮，給孩子留更多犯錯和自我修正的空間！

學好數學需要天份，不要過度苛責孩子

很多讀者自從知道橙子是數學相關科系畢業的，就會問我：「我的數學很差，很害怕孩子以後也不好，請問要做些什麼，才能讓孩子把數學學好呢？」說實話，這個問題我已經思考大半年了。

一開始我想正能量一點，寫一篇立意為「只要努力，就能學好數學」的文章，可是我刪刪寫寫了很長時間，還是放棄了。我無法說服自己，否定「天份」對學好數學的重要性。就文科而言，比較不論天份資質，只要努力，就有很大提升空間；想要有好的文學造詣，海量閱讀就肯定沒問題；想學好外語，有語言環境，多聽多說多讀就準沒錯。但是，理科就不一樣，努力和回報不一定是成正比的，因為無論是我還是我先生，迄今為止經歷的事和見過的人，都無一不在告訴我們一個殘酷的事實：學好數學的命天註定，想靠後天補足所缺的部份，實在非常有限。

雖然我們大多覺得努力多做習題，就可以讓數學成績提高，但這充其量只是應試技巧的提高，卻無法拯救一個人領悟數學的能力，因為這門科學本質上就是比拼腦力的遊戲。

這世界上恐怕沒有任何一種東西可以像數學一樣，近乎殘酷地曝露一個人的智商，你的程度到哪裡，你理解數學概念的極限就在哪裡。開始攻讀專業數學，我才知道自己的天分在哪。我對於高中時期的授課內容理解起來還算透徹，進了大學就越來越吃力。那時候真的非常懷疑人生，老師像在說外星文，教材像看天書，腦子都打死結了，還是弄不懂。最殘酷的是，這些把我虐得暈頭轉向的內容，很多同學卻可以很快領悟，還能舉一反三地解題，讓我感覺自己的智商被碾壓得血肉模糊，心靈和自信不停遭受暴擊。

那時候，我每天都會對自己進行靈魂拷問：「妳究竟對自己有什麼誤解，居然唸專業數學？」一些人可以理解費馬大定理、一些人則是到了「微積分」就不行了、有的則只抵達「函數」，更有人可能在「變量」的深度就投降了。好消息是，只要不傻，每個人都可以達到「四則運算」的深度。所以，在小學期間，只要努力多花點時間精力，基本上所有孩子都能領悟課程內容，導致家長會產生幻覺：「只要孩子『好好學』，就一定能『學好』。」

但是，上了國、高中，數學天賦的重要性就越來越明顯，天才上課一聽就懂，回家半個小時把作業搞定；平凡人上課一臉傻，回家熬到半夜，就是寫不出來。你會發現，**數學就是智商的分級尺標，一旦學習內容觸及智商頂端，就要被甩下來。**

當你苦哈哈地一分努力得不到半分收獲，卻看到有天分的人一分努力可以有十分收獲，甚至更多的時候，你會不會感覺自己很失敗？

有天份的人努力，像在遊戲中打怪闖關，好玩中努力；沒天份的人努力，像在泥潭中和鱷魚搏鬥，傷痕累累著努力，還絕望無比。

這樣的情況就導致資質高的人越學越擅長，資質低的人越學越受挫，所以「天份」真的和「出身」一樣，是讓人生而不平等的東西。那麼，一個沒有天份就註定學不好的科目，學起來有意義嗎？

當然有意義啦，畢竟我們在生活中還會遇到數學問題，需要理性思維。這就好比就算你身材矮胖，學點舞蹈提升氣質、陶冶情操也是很好的；就算你個子不高，也不耽誤你打打籃球、鍛鍊身體啊！我寫這麼多，就是想告訴大家，你焦慮也沒用，還不如放寬心，接受孩子命中註定的數學程度。

如果你的孩子很努力地學數學，卻沒有起色，就真的不要怪他了，可能要怪你遺傳給他的腦子。他對數學排斥、做題粗心、反應慢，不是因為他故意要氣你，真的是因為腦子不夠用。學同樣的內容，他要比其他人花更長時間、付出更艱辛的努力、遭受更多的挫敗，他真的不容易。你就應該當他這方面有障礙，**越是學不好，越要關愛他。**當然，你依然可以督促他、鼓勵他，讓他繼續努力，達到他能做到的極限。但是，你要清醒地重新審視和評價自己的孩子，不要因為他數學差就全盤否定他，因為這世界是多元的，**每個人擅長的東西也不同，並不是每個人都適合數學。**

著名作家三毛，小時候數學就一塌糊塗，經常拿鴨蛋，因為在學校被數學老師懲罰羞辱，被同學嘲笑，她罹患了嚴重的憂鬱症，休學在家多年，還差點自殺。可是，三毛她的宿命是當作家啊，一個作家數學零分，又有什麼要緊？學不好，她又有什麼錯呢？

當然了，鼓勵孩子勤奮努力是必需的，只是我們不要一味強調努力，卻完全不承認每個孩子間的差異。在人生道路上，「選擇」遠比「努力」重要得多，每個小孩都有屬於自己的「獨一無二」，與其一直為「他怎麼這麼笨，連數學都學不好」這樣的無解題而煩惱，還不如轉而去想想**「他擅長什麼？他喜歡什麼？」**並試圖幫助他找到**一條最適合自己的路，這才是孩子人生中最重要的問題。**

願我們的孩子不再為自己不擅長的科目而感到自卑和痛苦，把沮喪和面對挫敗的力氣用來發現自己的特點和長處。發現自己是一條魚，就去游泳；發現自己是一隻鳥，就自在地飛翔。當他們潛入大海、飛上藍天，「跑不快」就不再成為一個問題。所以，你問我怎麼才能讓孩子學好數學，我只有一句話：**「天份決定上限，努力決定下限。他學得好，一定是因為資質佳；他學不好，也不一定是因為沒努力。」**如果你已竭盡所能，孩子依然無法克服數學，就默默接受他這個「缺點」吧，畢竟孩子的人生有無限種可能，別因為數學沒天份，就限制了孩子的未來。

在玩樂中學習，讓孩子有閒暇時間很重要

現在這年頭，沒有什麼比養一個孩子更讓爸媽焦慮的事了。從他剛生下來那一秒就開始，擔心身高體重有沒有符合曲線圖、吃得夠不夠、發育得好不好。等到孩子能說話會走路，這時父母的焦慮點就從吃喝拉撒轉向教育層面，關心他夠不夠聰明、什麼時候會數數、做加減法、背唐詩三百首、說英語，看到別人家小孩上各種才藝班，而自己的孩子在玩玩具，就更擔心了，怕真的就這樣輸在起跑點上。

這種心情其實我們身處北美的父母更是深刻。因為在北美這種寬鬆又佛系的教育環境下，每個小孩真的是從小「放飛似玩耍」大的，想上補習班也沒有，天天只顧著在戶外瘋。在學術方面，和國內相比，毛頭跟果果在學齡前就顯得很弱。

毛頭六歲的時候參加一個夏令營，遇到了從台灣來的小朋友，玩撲克牌遊戲時，對方發現毛頭不會算一百以內的加減法，感到很吃驚，不經意地說：「你怎麼這麼大

了還不會？我四歲就會了！」看到這一幕，媽媽心裡真的難受。但是過了兩年，看到他上學之後的種種變化，結合了自己和先生的成長軌跡，我突然豁然開朗。

之所以各國會制定「入學年齡」，並且不讓孩子早上學，是有合理之處的。因為在那之前，**孩子是從「玩樂中」學習，如果讓孩子「提前進行學術學習」，占據太多「盡情玩耍」的時間，就會對他的成長造成不均衡，而耽誤綜合能力發展。**那麼，孩子在遊戲中能夠學會什麼呢？

學會獨自解決問題

怎樣才能抓住一隻飛來飛去的蜻蜓？怎樣才能編出一個漂亮的花環？怎樣才能搭一個很酷炫的沙堡？怎樣才能用桌子、椅子、雨傘、床單搭建出一個舒服的小帳篷？你會發現，孩子可能會廢寢忘食地為這些無聊的事苦苦思索，來來回回地嘗試，並消磨一個漫長的下午，最後依然亂七八糟，不盡如人意。在這個過程中，他可能會沮喪、挫敗、哇哇大哭，也許會放棄。看上去非常沒有營養，但實際上他就是在學習。

其實，這種經歷和體驗對孩子的成長有非凡意義，能讓他知道：

面對自己從來沒遇到過的問題，如何分析它、拆解它，最終解決它；
面對困難和瓶頸，如何調整自己沮喪的心情；
什麼樣難度的事情是自己能力範圍內能解決的，什麼狀況需要求助他人；
遇到錯誤和失敗不是壞事，這是通往成功的途徑。

「解決問題的能力」是沒辦法出考題的，卻無比重要，不管是文科還是理科都非常需要這種能力。到了國中，很多孩子很努力，卻還是考不了高分，就可能是因為缺乏這種能力，教過的題型就會做，但是新題型就不會解。這多半是因為童年時期很少完整經歷「自己解決問題」的過程，不習慣獨立思考，也缺乏自信心。

現在很多熱門教育課程的編排，也都是聚焦在養成「解決問題的能力」，無論是「讓機器人走到指定地點」，還是「用積木搭一座房子」，本質上都是一樣的，小時候快快樂樂地「盡情玩耍」，也一樣能培養這種能力。

學會與人相處

人是天生的社交動物，一個孩子社交能力不足，求學時期會缺乏朋友的陪伴，容易感到孤獨苦悶。長大以後，就算職涯發展不錯，也很難建立健康的親密關係，獲得幸福感。那麼，社交能力如何獲得呢？除了和父母學習，就是和小朋友們玩出來的啊！

孩子們會在玩耍中產生衝突，有爭吵、有崩潰、有妥協，每個人都要為維持友誼付出自己的努力。他們會為了想讓遊戲更有趣而建立遊戲規則、然後遵守，還會適時更改。還會結黨分派，群體之間搞得比戰國時期的合縱連橫還複雜。他們在社交中也會有很多負面感受，可能會吃虧、會被欺負、會經歷背叛、會被孤立⋯等等。

但孩子就是要經歷這些亂七八糟的事情，才能學會如何分辨不同的人，如何尋找和自己合得來的朋友，知道什麼樣的行為會受到歡迎、什麼又會惹人厭⋯等等。他們是在和同齡玩伴不斷的相處磨合當中，獲得遊刃有餘的生存能力。

觀察一下你周圍的人，那些智商高的未必最終能獲得幸福，但情商高、人際關係好的人，幾乎愛情事業都得意。所以，讓孩子從小就獲得更好的社交能力，不也是另一種「贏在起跑點」的辦法嗎？

學會打發時間

你有沒有發現，現在的孩子經常和爸媽抱怨無聊，都幾歲了還纏著要陪他玩，不是看電視就是玩手機。這是因為很多父母把孩子的時間安排得太滿，學這個學那個，根本不給他機會學習自己玩，用想像力來應付無聊。

我們以前小時候，一個皮球、一根棍子、一條跳繩、幾塊積木，就可以玩整天。而現在的孩子，空閒時間太少，習慣不停地接受各種新鮮事物，無聊對他來說就是一件很難忍受的事情。這導致他習慣依靠外界刺激來應付無聊，而缺乏自己對環境進行探索的動力。他無法看著天上的雲，編一個光怪陸離的故事，也沒有時間餵小熊吃飯、陪娃娃聊天，更沒有精力去細想自己到底更喜歡藍色還是綠色。

他們習慣被趕著不停地奔跑，卻再也學不會欣賞風景。這樣習慣於外界刺激的孩子，一旦閒下來了，會選擇做什麼呢？他會花心思整理裝飾房間嗎？會去戶外散步，感受清新的空氣嗎？還是定下心來看一本厚厚的書嗎？不，他只會繼續尋找更強烈的刺激——打電動、看平板，甚至抽菸、飆車，因為他的內心世界一直是空洞的，如果沒有外界不停地填補，就會感覺不到自己的存在，陷入可怕的輪迴中。

讓孩子的童年有足夠的空間時光，可以發呆、做白日夢，這遠比你想像的重要很多！

其實，歐美教育體系對小孩實行比較「佛系」的教育風格，並非因為孩子懶散，不愛努力，只因為讓孩子在學齡前過份地「學習學術知識」的危害早已經被證實。

德國人在一九七〇年代就做過對比實驗，針對「遊戲型」與「學術型」幼稚園的孩子們進行調查，看看到底哪種教育模式下的孩子未來發展會更好。結果，雖然走學術路線的小朋友的確因為提前接觸了知識，無論閱讀能力還是數學程度，都贏過同齡層，但到了小學四年級的時候，卻被「遊戲型」幼稚園畢業的孩子光速追趕。這兩類兒童在學業方面的差距微乎其微，但在社交和情感方面，走學術路線的孩子統統偏弱。

無獨有偶，在美國，一項針對來自非洲裔家庭的三百四十三個孩子的對比研究也表明，走學術路線者會先在學業上全面領先且各方面表現十分亮眼，但一進入小學四年級，情況就反轉，提前學習知識的優勢不再明顯，反倒在人格與情商等方面的劣勢格外突出。

孩子的時間就這麼多，你都只讓孩子讀書、學才藝，其他方面的能力養成受限制，

你剝奪孩子原本應該在「玩樂中學習」的童年時光，未來一定會受到影響。

加減乘除對小小孩來說很難，但長大後很快就能學會。可是童年時獲得的那些智慧和能力，想等大了再補，就非常難了。

我知道現在教育環境改變，很多家長擔心一旦缺了一環，自己的孩子就會失去競爭力。但是，超前學習並不是理所當然的，讓孩子像陀螺一樣轉，對他的未來沒有好處。環境再艱難，也還是要想辦法多讓他「盡情玩耍」、在「玩樂中學習」。就算人生真的有起跑點，那麼賽場也不止一個，你只在其中一場賽事中拔得頭籌是沒有用的。

從學齡前開始，讓孩子愛上閱讀

英文中意味著「催促」、「督促」的行為叫「push」，而「push」又有「推」的意思，所以很多海外華人喜歡用「推爸推媽」來稱呼重視教育、望子成龍的家長。凡是華人爸媽，基本上都挺能「推」，但是要不要在孩子學齡前就卯起來推呢？在華人圈裡也是頗受爭議。

放養派家長覺得：「這麼小的孩子，快樂就好，太早給他壓力就是揠苗助長，這種環境下成長，以後就算學得再好，也沒有幸福感！」然後，力推派家長認為：「孩子從幼兒時期就應該進行智能開發，接觸一些基本知識，打下良好基礎，上學以後才有優越感，事半功倍。」

各自表述，都有道理，那麼到底哪一派才對呢？

橙子講一下自己的故事吧，相信你看完之後，自己會有答案。橙子媽是個典型的推媽，只要是能推的她全都推了。我嬰兒時期就開始認字卡、兩歲就背唐詩、三歲學英文和電子琴、四歲開始識字。在上學前班之前，我就會背九九乘法表了。我小時候算不上聰明，甚至是比較遲鈍的，能做到這樣，純粹靠我媽耐著性子一點一點磨。她的理由是，我太笨，而「笨鳥先飛」。現在想起來，真的好佩服我媽，她還真是拼啊！

後來，我一路當學霸，考上了明星大學，還念了碩士，好像混得挺不錯。外人都認為這是我媽早年對我下苦功的結果，但是只有我自己知道，她當年的所做所「推」，對我後續的成長並沒起多大作用。

唐詩、英文單字、電子琴這些東西，稍不練習，很快就忘得一乾二淨。算數在小學三年級之前好像要比其他孩子好一些，三年級之後，完全看不出優勢了。唯一對我有重大影響的是，她很早就培養我愛看書的好習慣。

從三、四歲時開始，書就是我生活中非常重要的一部分。那時候，童書資源很少，我媽基本上把書店所有的故事書都買了一輪。除此之外，她訂了一大堆兒童雜誌。家裡衣服、家具、棉被什麼的都是很舊很舊的，甚至連肉都很少吃，只有書不斷地進新貨。在當時的小城鎮裡，我家簡直是異類，我媽同事看她花錢買這麼多書，都覺得她有毛病。

我童年所有獎勵都和書有關。今天表現好，晚上多講一個故事，表現不好，就少講一個；過生日和兒童節，就帶我逛書店，讓我隨便選兩本。無論我媽還是我爸到外地出差，帶回來的禮物也一定是書。

在這樣的薰陶下，我從小就對書極度痴迷，家裡一櫃子的書，全都被我翻舊、翻爛了，因為看了太多遍，很多書我可以一字不差地背下來。可以自主閱讀之後，我開始一發不可收拾。小學三、四年級的時候，我就開始看百科全書和中篇小說，上了國中就開始讀世界名著和武俠小說了。龐大的閱讀量讓我成為一個與眾不同的孩子。

別的好處就不說了，光是大量閱讀這件事，對學習方面的正面影響就大到超乎想像。這在小學看不太出來，但越到高年級就越明顯。我從來不需要家長監督學習和寫作業，對我來說，學習一直是一件很輕鬆愉快的事情，從來不是苦差事，很多科目我其實不用費太大心思就有好成績。

國文是最不用說的，莫名其妙就可以得高分，作文永遠是班上範文；歷史也不用怎麼學，頂多考試前背一背年份而已，人物事件早就知道了；生物和地理對我來說相當於學第二遍，再學只是補充細節；物理和化學中的各種原理我也早有了解，只差背公式和解題。別人要學九科的精力，我只需要用一半就行了。更不要提我透過大量閱讀，不知不覺形成的強大文字理解力和邏輯分析，更能理解出題人的意圖啊！

所以，我國中時期，看漫畫、泡網咖、單戀、失戀、追星什麼的都沒耽誤，只做老師出的作業，沒寫過額外的評量，也沒上過補習班，更別說請家教了，我照樣是學霸。老師們對我又愛又恨，愛我是因為要靠我拉高班級的平均分，恨我是因為他們都知道，我學習這麼好，並不是他們教出來的，因為我上課總是睡著——他們講得實在又慢又無聊啊！

再說一遍，我不是個高智商的人，這一點我在大學深有體會，比我聰明的人太多太多了，我之所以學得好，並能考入一所還不錯的大學，全都是因為大量閱讀。

總聽人說應試教育摧殘人，讓孩子學傻了，但我從來不覺得受過應試教育的荼毒。因為我清楚地知道，學校教的那些只是學海無涯裡的一絲一縷，那都只是為了贏得競爭，爭取更好的教育資源而已。

其實，讓我真正開始主動學習的地方並不是校園，而在我的書櫃旁邊。**我對閱讀的熱愛，也讓我樂於學習，並且不由自主地終身學習。**讀書學習，滿足好奇心，追求未知，多麼令人快樂的一件事。沒有樂趣，能學得好什麼呢？我媽在我小時候種下的一顆小小種子就這樣生根發芽，長成了茁壯的大樹，讓我受益一生。

在孩子小的時候施加一些潛移默化的影響，讓孩子有自主學習的動力和能力，推一下就好，這會讓他自我推進，而且絲毫不覺得辛苦，還覺得樂在其中——最強的「推媽」應該這樣才對啊。相比替孩子聘名師家教，讓他上補習班什麼的，這境界不知道高出多少。

閱讀的好處，大家都了解，閱讀的習慣應該從童年時期就開始養成。沒有閱讀習慣的人，到了成年想再硬逼著自己看書，其實是有些困難的。我老公就是一個典型的例子，他閱讀速度很慢（看中文甚至比英文還慢），一本書，我一下午就能看完，他得花兩、三天。看書對我來說純粹是一種愉悅的體驗，和旅遊吃大餐沒什麼不同，對他來說卻要付出一些毅力才行。這不是輸在起跑點上是什麼？

尤其是年紀越小的小朋友的閱讀興趣培養，是很多家長都會忽略的。通常都認為，孩子這麼小又聽不太懂，有什麼好讀的？或者覺得家裡有幾套書就足夠了，要那麼多書做什麼？

錯錯錯！書和玩具不一樣，書是消耗品，我們應該把書看作孩子的精神糧食，持續不斷地餵養他的心靈。你要在他還很小的時候就讓他感受到，書中的世界多麼大、多麼豐富和精彩，書裡有那麼多智慧、充滿樂趣，有無窮的知識等待他去探索發現，讓他愛上書本。這種感知不是讀幾本書就能養成的。

很多人都覺得北美孩子所處的教育環境好、學業壓力小，還以為他們根本都被放養，可是你知道這些小朋友多喜歡看書嗎？他們簡直就像吃書一樣，幾乎每隔兩三天就去一次圖書館，每次借個十來本書稀鬆平常。有了這麼大的閱讀量，他們在課堂上還需要學多少呢？老師只需要引導孩子把知識系統化地整理一下即可，看起來好像隨便教教，但他們所學到的遠比台灣的小朋友多太多了，頂多就是算數輸了一截而已。但都什麼年代了，用計算機就好了嘛！**真正有用的，是對知識的渴望、對探索未知的興趣，以及主動學習的能力。**

在台灣，絕大數的孩子在大學畢業後就不再自主學習了，可是絕大多數的北美小孩卻將閱讀的習慣視為終生興趣（這裡無論男女老少，只要坐下來，就會拿書出來看），這不值得我們思考嗎？

毛頭要上學前班了，他要去的小學辦了場聚會，讓孩子們和老師見見面，其中第一個出來講話的就是學校圖書館老師，老師特意和所有家長強調「盡你所能，讓孩子多閱讀，不光要有睡前讀書時間，一天的任何時間裡，只要他想看書，你就讓他看，越多越好，閱讀是無上限的！」

有看電視、玩手機的時間，不如用來陪孩子看書；有教孩子算算數、背唐詩的耐心，不如用來讀故事書給孩子聽；有上補習班、買新玩具的預算，不如幫孩子買書。

想讓寶寶更聰明，祕訣是多和他說話

所有人都想讓自己的寶寶更聰明，為此，很多媽媽可能從懷孕的時候就開始重視胎教，或是吃各種有助於寶寶大腦發育的食物等等。孩子剛生下來都還不會坐，就要開始早教課程、認字卡，甚至看一些帶有益智效果的嬰幼兒電視節目。但是，**家長往往忽略一件最簡單，但對智力發展也最有用的事情——多和寶寶說話。**

多和寶寶說話對他的大腦發育很重要，與大人的對話越多就越能刺激嬰兒大腦中的神經元互相產生聯繫，讓寶寶更聰明。有一個研究數據顯示，常常對話的家庭裡，孩子在三歲時的智商程度，高出較少對話家庭中的孩子一・五倍。最新研究還指出，家長對小寶寶說話，甚至能固化孩子所處的階層。根據堪薩斯大學教授貝蒂・哈特（Betty Hart）和托德・里斯利（Todd Risley）的一項研究統計，那些低收入貧困家庭的孩子，每小時只能聽到六百個詞；中產階級家庭中，可以聽到一千二百個詞；而在高知識分子家庭，則可以聽到二千一百個詞。到三歲時，富裕家庭的孩子平均接收到四千五百萬個單詞，而貧困家庭的小孩，只能聽到一千五百萬個單詞。

這個差距無疑是巨大的，貧困家庭的孩子要比富裕家庭的小朋友少聽三千萬個詞。所以，一個出身貧寒的小孩在滿周歲的時候，就已經可能在說話、理解能力和學習能力方面，全面落後於富裕家庭的孩子了。

解決辦法其實很簡單，就是多和寶寶說話，多進行語言和字彙上的輸入，量越大越好。不要以為電視或說故事 APP 可以替你效勞，因為機器死板也無法產生互動，孩子不可能從這種單向輸入中得到太多有效的訊息。只能透過你親自參與，因為你的語氣、手勢、表情，還有環境以及反饋，都是語言學習中不可或缺的一部分。

道理大家都懂，可是要做到就很難了！

平均每小時說一千二百個字以上，還是蠻難的任務，尤其是對著一個看起來什麼都不懂，只會咿咿啊啊的小北鼻，對著他說話真是尷尬癌上身，總有種心靈空虛導致自言自語的既視感。橙子作為一個內向的宅女，平時和成年人說話都要消耗能量，對著個嫩嬰更要克服很多障礙。

當媽媽之前，我就特別害怕面對小孩子，並不是不喜歡小孩，而是不知道怎麼和他交流互動。毛頭的嬰兒時期，我也很少特地和他說話，一是覺得他聽不懂，二是聽不懂他的回應。可能正因為如此，他到了十五個月大還什麼都不說，而且最要命的是好像什麼都聽不懂，當時醫師說他在語言發展方面明顯延滯，希望我多和他說話，不然就要做語言干預訓練了。

於是在這樣的壓力下，我逼著自己開口，當時只要毛頭醒著，就強迫不讓嘴巴閒著。一開始真的很難，尷尬又彆扭、渾身難受，但是說著說著，就越來越習慣、自然。在這樣的刺激下，毛頭進步神速，雖然十五個月的時候還一個字都說不出來（也不會喊爸爸媽媽），但到了十八個月的時候，已經會說二十多個字了，不到兩歲就開始會說長句子了，這在男孩子裡算領先的。

對不會說話的小嫩嬰能「聊」點什麼？

1、描述寶寶視線內看得到或者感受得到的事物

寶寶正在做什麼、他眼睛往哪看、對什麼東西感興趣，你就儘量描述給他聽。最好也可以用手指一下你描述的事物，這樣他更能把你說的和實際事物串連起來。

例句：

寶貝，你在吃手手嗎？躺ㄟ跟甜不辣一樣白白胖胖，是不是很好吃啊？

寶貝，今天天氣很好耶，天空是藍色的，還有白色的雲。

寶貝，這個玩具是消防車，紅色的消防車。

2、描述自己正在做的事

邊帶寶寶邊做事的時候，你可以開啟情境敘述模式。

例句：

媽媽正在削蘋果，蘋果是這個、紅紅的。媽媽需要用這個水果刀把蘋果的皮削掉。蘋果很甜喔，寶貝喜歡吃蘋果嗎？

媽媽正在洗手，媽媽手髒髒了，要用水洗乾淨，先用一些洗手乳，搓出很多泡泡，

再沖掉，然後用毛巾擦乾。好啦，洗乾淨啦！

3、唸故事書和唱兒歌

實在詞窮了，就唸故事書或者唱兒歌吧！這時候可以讓說故事機器輔助一下，並不是讓寶寶完全聽機器講，主要是媽媽可以跟著它唸，多聽幾遍，做到想說就說、想唱就唱（話說有小孩之後，我平常哼的歌都變成兒歌了）。

4、讓語言滲透到日常生活中

無論是帶寶寶散步、餵他吃飯、幫他洗澡，還是陪他玩玩具，在所有的日常生活中，有辦法跟他聊天就不要靜下來，就當作你是在接待一個來參觀地球的外星人吧，你得把所有的新鮮玩意兒都介紹給他，才算盡職盡責嘛！

放下手機、放下手機、放下手機，很重要所以說三遍！跟小嫩嬰說話的時候，別嫌麻煩，寶寶就是需要接受這種大量重複的輸入，才能有更好的發展。

常見誤解

1、以為寶寶沒有在聽

大多數時候，寶寶聽你說話都顯得心不在焉、毫無興趣，感覺完全是鴨子聽雷，讓人很有挫敗感。但事實上，你所說的每句話他都聽到了，這些話都會對他產生作用。不要因為沒有反饋，就不跟他聊天囉。

2、將寶寶當作成年人來說話

和寶寶說話，不要把他當成年人。要儘量用誇張的語氣和表情，放慢速度並且拉長音，還有咬字清楚，不要含混帶過。很多研究都顯示，誇張的抑揚頓挫可有效幫助嬰兒更快地學習語言。只是大多父母沒有意識到這個好處，記得跟寶寶說話就自動變誇大，這是非常棒的好習慣，要好好保持。

3、不要和寶寶說疊字

我曾經看過一篇文章，建議父母從一開始就不要和寶寶說「吃飯飯」、「睡覺覺」這樣的疊字，否則孩子長大之後還要學習一遍正確的說法，消耗不必要的精力。但是，我所查閱的英文資料並不支持這樣的說法，因為小寶寶天生就會對疊字或者誇張的發音比較感興趣，更容易有深刻印象，大人應該利用這樣的特點，讓他儘快建立事物和語言之間的聯繫，這對他更快速地發展語言能力是有好處的。等到他的語言能力變強之後，再用正確的方式和他對話，自然而然就能改掉說疊字的習慣，沒有想像中的難。

記得有一次在兒童醫院，看到一張令我印象深刻的宣傳海報，上面寫著「baby needs words everyday（寶寶每天都需要聽你說話）」。寶寶每天都需要聽你說很多話，就像他每天都需要足夠營養的食物一樣，他的精神成長需要語言來滋養，不要只顧著餵飽了寶寶，卻在精神世界裡讓他饑餓匱乏。

孩子容易分心、專注力差，怎麼辦？

不得不說，專注力的強弱好像也與基因有關。當年我帶著一、二歲的毛頭去參加圖書館的活動時，很喜歡觀察其他孩子，一屋子不同年齡的小朋友，真的表現各異。絕大多數小朋友的注意力會隨著年齡而增長，半小時的讀書內容，四歲以上的孩子一般都能安靜地從頭聽到尾，二、三歲的通常快到結尾才有點煩躁，而一歲多的小小孩則放飛自我，狀態好能安靜十分鐘，不然聽沒兩句就開始滿屋子亂跑了。

雖然整體情況是這樣，但也有例外，我也見過依然坐不住的三、四歲小孩，而一歲多的寶寶卻能安安靜靜地從頭聽到尾。性別差異也很明顯，一般女孩會更專心，男孩偏好動。所以，每個孩子的專注力肯定是有天生的設定值，若正好自己的寶貝設定值偏低，當父母的免不了要多操心。最近就有讀者朋友和橙子說，家有三歲剛上幼稚園的孩子，有注意力不集中、坐不住的問題，很擔心是不是有過動症。

首先，過動症在小孩五歲之前是很難診斷出來的。該症狀的行為表現和學齡前幼稚不成熟的特徵十分相似，難以區分，非常容易誤診，所以一般要等孩子五歲以上，才比較能夠準確診斷，看看是否需要藥物幫助（並不是所有過動症的兒童都需要藥物幫助）。

如果你的孩子還小，但是你明顯發現他的注意力比同齡小孩差很多，甚至影響他在幼稚園的生活，那麼你能做些什麼來改善這個問題呢？

首先，很多情況下，「注意力不集中」並非都是過動症所引起的，要排除以下也會影響孩子的因素：

1、睡眠

孩子缺乏睡眠，大腦沒有得到很好的休息，就很難專注和集中。有的孩子晚上很晚睡，或者半夜突然醒來，睡眠品質差，這都會影響白天的精神。所以，養成良好的睡眠習慣是很重要的，這甚至是一切良好行為的基礎。如果孩子不容易集中注意力，就更要想辦法讓他保持健康規律的作息。

2、飲食

孩子肚子餓了，也會影響專注度。很多孩子胃口小，每次吃不多，體力消耗卻較大也容易餓，一旦餓了情緒就來了，當然無法集中注意力。所以，最好讓這樣的孩子在兩餐之間安排「零食時間」，讓他吃點健康的點心，譬如水果、蘇打餅乾⋯等等，不要讓他太餓，影響大腦運轉。

3、壓力和焦慮

過大的壓力和焦慮情緒也會讓孩子失去專注力。一般剛進幼稚園的小朋友多多少少會有分離焦慮的問題，面對教育風格比較嚴厲的老師，也可能讓他備感壓力，專注力就會受到影響。很多孩子在剛入園的前期會非常「不聽話」，坐不住、愛亂跑，但是適應之後，焦慮和壓力感減輕了，自然而然就變「乖」了。

在日常生活中，如何鍛鍊孩子的專注力呢？

1、儘量讓孩子做他感興趣的事

一個人的專注力會隨著「任務」的有趣程度而變化，相信你也很難專心去「搬磚頭」吧。做喜歡的事情，自然更容易集中精神；反之，就會想拖延也容易分心。所以，既然是小孩子，那就先從容易的和他感興趣的事情著手，讓他能夠多體驗「專注」帶來的快樂。有的孩子不喜歡堆積木和拼圖，但是喜歡玩沙子，那就讓他多玩沙子啊，玩得越投入越好。在他真正感受到注意力集中所帶來的愉悅之後，也會逐漸把這種能力轉移到其他不那麼喜歡的事情上。

2、幫孩子降低任務難度

既然孩子容易分心，在替他安排任務時，就必須記得配合他專心的程度，不要一下子就給他一項難以完成的內容。譬如，一次只下達一個指示——去把襪子穿上，而不是「多重指令」——去把衣服、褲子穿好，別忘了還要穿外套和襪子。否則，他就會顧此失彼，完成度很低、內心受挫。每次讓他做一些需要集中精神的事情時，先幫他定一個比較短的時間：「這次我們只看十五分鐘的書，要坐著不亂動，看看你能不能堅持下來。」如果孩子可以做到，再慢慢延長時間。總而言之，下達任務的時候，切記先考慮他的專注度，不要要求過高。

3、提醒孩子「回神」

孩子一件事沒做完就分心了怎麼辦？家長不要沮喪和暴躁，這正是訓練他「找回注意力」的機會，溫柔地提醒他：「你有在聽嗎？我們還沒做完，現在繼續做好嗎？」記得提醒他「回神」。最好能和孩子約定一個「暗號」：「當我說『回魂喔！』的時候，你就要立即停止做別的事，馬上聽媽媽說話好嗎？」在生活中多多練習，他就能夠學會如何重新集中精神。分心不要緊，能及時拉回專注力就好。

4、儘量減少接觸電子產品

我們總是提倡少讓孩子看電視、玩手機，不光是為了保護孩子的眼睛，主要是因為卡通畫面轉換極快，他根本不必集中精神，可以很輕鬆地沉浸其中，於是專注力這塊「肌肉」就一直在休息，久了自然提不起勁「工作」，越不使用就越弱。所以，如果你家孩子本身就不容易專心，就更要減少接觸3C電子產品的時間，讓他多把注意力集中在那些有點「無聊」的事情上，使專注力這塊「肌肉」隨時都得到鍛鍊。

每個孩子都不同，對有些人來說，集中注意力根本小事一樁，甚至很容易沉迷其中；而對另一些人來說，則要費點力氣。所以，如果你的小孩總是有容易分心、坐不住、愛亂跑的問題，請不要過多地批評或責備，說他不聽話、太懶了、不專心…等等，他也不是故意的。其實，孩子不能集中精神完成一件事，他自己也是很沮喪、很鬱悶的，也非常需要親人的情感支持。當父母的要多想辦法，嘗試各種方法幫助他克服自己的弱點，只要他肯努力，即便只有微弱的進步，也要多稱讚他，而不是太苛刻要求他，或者將他視為「過動症」。如果覺得孩子分心的問題實在特別嚴重，等他五歲以後，帶他去兒童精神科，尋求專業醫生的幫助。

最後，願那些容易分心的孩子都可以透過自己的努力，完成每一件想要做的事情。

別陪孩子寫作業了，父母不擅長「當老師」

暑假結束、孩子都開始上學了，總算有自己時間的爸媽們應該歡欣鼓舞才對，沒想到個個叫苦連天、哀鴻遍野。一問之下才知道，原來是每天盯孩子寫作業盯到抓狂，差點沒自己先一頭撞牆算了。

毛頭也上學了，我本人也深有體會，真的一點都不誇張。我之所以從孩子開學到現在還沒瘋，只是因為加拿大的公立學校就是放牛吃草的風格，基本上孩子是沒有回家作業的。真要陪孩子寫作業，說句實話，我做的絕對不會比你們任何一位家長好。

毛頭三歲左右的時候，我曾經試圖教他認國字，結果我從好媽媽變成了大魔王。那段經歷簡直不堪回首，字沒認多少不說，親子關係都變得很差勁。從那之後，我越來越發現，我沒辦法當他的老師，一旦我正經八百地教他，我的情緒就容易失控。

等我氣消了，回想剛才的行為又覺得自己就是個大魔王，怎麼可以那樣粗魯地對他。以前讀的那些育兒書都看去哪了？有什麼臉繼續為人父母啊？為什麼陪孩子寫作業就特別容易暴露出爸媽最差勁的陰暗面呢？

親密關係是不利於正式教學

其實，家長在陪孩子寫作業、訂正、講解的時候扮演了老師的角色，而「老師」和「學生」之間本來應該疏遠客氣一些，關係太友好只會適得其反。

橙子以前是師範大學畢業，在我們校內有一個潛規則，就是絕對不可以和學生稱兄道弟地交朋友。這不是因為老師特別喜歡裝高尚、擺姿態（整天繃著也很累啊），而是因為一旦師生關係過於親近，學生就會和老師「不見外」，漸漸跨越原本存在師生關係間的尊重與禮節。老師要求學生，學生可能會不重視，也可能一笑置之；老師語氣重了一點，玻璃心的學生又會覺得心靈受傷。這種狀態下，不論是對哪方都是無形的阻礙。

你是孩子的親生父母，他本來就跟你很親密，時時刻刻渴望獲得你的愛與關心，他特別容易感受到你透露出的絲毫情緒波動。滿腦子都是「媽媽好像不高興了」、「媽媽怎麼那麼兇」、「媽媽今天好可怕」，你說什麼他可能都聽不進去，更別說要他聽懂什麼了。

我曾經看過著名作家兼教育家——劉墉，說他在教女兒中文的時候，會比照正式授課儀式，並且要求女兒叫他「老師」而不是「爸爸」，為的就是拉遠彼此的距離，讓氣氛不太適合撒嬌和耍小姐脾氣，這樣才可能有教學效果。

越是親生的，越難容忍

橙子曾經做過很長一段時間家教，當時我自以為是一個超級有耐心的人，因為所教過的學生無論基礎多差、提出的問題多沒營養，我都可以保持微笑。不懂就放慢講解速度、換個方式、改變說法…等，無所不用其極，直到他們聽懂為止！

因為我知道這是我的職責，學生不懂是應該的，什麼都會我不就沒工作了？所以，我對他們的容忍度特別高，聽不懂在我的預期之內，教會了是意外驚喜，讓我有成就感，心中有滿滿的平和。

可是，一旦對象變成親生兒子，我的標準立即就變了。我會把自己的感受投射到他身上：「我覺得這個很簡單，那他也應該覺得簡單才對！」「這麼簡單你還錯，你是笨蛋嗎？」如果他表現得很糟，我就特別容易失控。父母是嚴重「雙重標準」的，總是習慣對別人家的孩子寬容，對自己家的卻十分嚴格。然後，更因為是親生的，不需要尊重和客氣，打罵吼叫就沒什麼壓力，也因此一發不可收拾。**有時候，我們對待自己親生的孩子，真的比對待別人家的孩子糟糕多了。**

越簡單的，越難說明

輔導孩子寫作業的一般都是小學生家長，家長們都覺得國小學的內容這麼簡單，孩子竟然不會，簡直不可忍受，是有多笨啊！還真不一定是他笨，很可能是你根本不會講解。越是簡單的問題，越難拆解說明。

當年橙子大學畢業實習的簡報課程是「有理數減法」，也就是「2-3」、「4-6」這樣的題目要怎麼算。這麼簡單的題目，我準備了半個多月，教學大綱一共改了五版，挑出一種我認為最容易理解的講解方式，預演的時候依然被資深前輩挑出不少毛病，然後繼續改講稿，這是非常折磨人的一個過程。事實上，講課是一件很專業的事情，

「明白怎麼回事」和「能把這件事講清楚」的距離真的差十萬八千里。

身為非專業人士，你容易犯很多錯誤。譬如，你在解釋一個概念的時候，又用到了其他陌生的概念；譬如，你說了半天，卻缺乏邏輯，找不到重點；譬如，你說話過快，交代不清楚……等等。無論你犯了哪個錯誤，都會影響孩子的理解程度。而最最容易犯的錯就是**帶著強烈的情緒來講解，這會讓孩子只在意你的情緒，而忽略你說的內容**。這些問題你自己很難意識到，也不會認為是自己講得不好，只會怪孩子太笨、不認真聽。

有再高的學歷也教不了自己的小孩。

我個人非常不贊成家長陪著孩子寫作業、指導解題，這就不是家長應該做的事情，對親子關係有毀滅性的傷害不說，對提高孩子學習成績的效益也不大，還會讓他始終有依賴性，覺得寫作業是家長的事，主動學習的積極度和責任感可能就煙消雲散了。

如果孩子在課業上真的需要幫助，不妨請個家教，普通大學生就可以，花不了太多錢，效果絕對比你親自上陣好得多。

如果你非要親自輔導，以下幾點建議供參考：

1 保持情緒穩定，一旦發火，趕快停止，等冷靜了再繼續，因為你在發火的狀態下是教不會孩子的。

2 不要妄想在一天內把所有的問題都解決。有些知識觀念並非一時就能理解，需要重複解釋說明，才能領悟貫通。若不順利就先休息，過幾天再繼續，到時很可能一點就通。

3 就事論事，不要人身攻擊。你說他笨，他就真的會笨給你看，心理暗示的力量是很強大的。

4 作業寫不完就別逼他了。讓他自己承擔做不完的後果。

5 絕大多數孩子不是神童，一開始學不會、不熟練、寫錯都是正常的，請多一些耐心、多一些包容。

最後，願孩子們快點長大，上了國中後學的很多東西爸媽都記不得、看不懂，也就沒辦法陪寫作業啦！

毀掉孩子的最好辦法，就是逼著他瞎努力

近幾年，我發現教育類文章的風向居然開始變了。前些年的主流觀點一直著重在「快樂教育」、「尊重孩子」、「興趣是最好的老師」……等等。但最近可能這些觀點逐漸被認為過於平庸，開始被嫌棄，很多文章為了增添新意，找遍網路論文及證據，想來個反轉。

他們說：「『快樂教育』是個陰謀，富人家的孩子都刻苦努力，窮人家的孩子才快樂淺薄。」他們說：「人生就是不容易，想要優秀就得吃苦，如果一味『尊重天性』，只會養出好逸惡勞、貪圖享樂的孩子。」他們還說：「僅憑興趣堅持不長久，負責任的父母就得『逼孩子一把』，現在不逼，他們長大後會怪父母。」

說來說去，不就是我們爸媽那年代的那一套嘛！吃得苦中苦，方為人上人，我現在逼你，是為你好！小時候不努力，長大你想去撿破爛嗎？現在你恨我，長大你就會

感謝我啦！

總而言之，就是這種延續了千百年的觀念：「想過好日子就要優秀，優秀就必須要辛苦，孩子肯定不喜歡辛苦，因此不能放任他，當父母的就得逼著孩子學，最後把他逼到優秀，等他過上好日子，自然就會明白父母的苦心。」

邏輯非常完美，感覺無法反駁。你還是小孩的時候，這一套你肯定不愛，但當了父母之後，居然覺得這說法似乎很有道理，果然是屁股決定腦袋。可是，我出了國之後，發現這套看似無懈可擊的邏輯是有問題的，它有一個大前提，那就是「學習是一件苦差事」。

我們總默認學習這件事是很違反人性的，需要動用很多毅力才可以堅持，但是我在國外看到小孩子學東西都很開心，很少有哭鬧著不想學的。孩子小時候都貪玩，但是到了青少年時期，都會自覺奮發向上。已開發國家的孩子的努力程度和窮富沒關係，不論出身，接受的都是快樂教育，只不過富人可以給予更多學習資源，讓他更有競爭力而已。**快樂教育真的存在，不要懷疑；孩子的天性本是積極向上，不要懷疑；興趣就是最好的老師，不要懷疑。**只不過這一切美好需要很多條件，要慢、非常慢；要有耐心、很多耐心；要有方法、很有趣的方法。

北美當地的老師都會避免用重複枯燥的教學方式，他們會選擇用十種方法教孩子練習一個動作，而不是要他把一個動作來回練十遍。譬如，游泳課老師教踢水，就讓孩子仰著踢、趴著踢、老師扶著漂在水面上踢、比賽誰踢的水花大、扔球做踢腿遊戲……不停變換方式，讓孩子一直保持興趣。上鋼琴課時，老師不會讓孩子重複練習一首曲子超過一周，無論這首彈得有沒有瑕疵，就直接進行下一首，讓他一直處於「我會彈新曲子啦」的興奮當中，不會覺得無聊。孩子學算數，光是加減法就要學兩年，從來不寫習題，而是在現實生活中討論各式各樣的應用問題，讓他自己用加減法來解決。這種學習方式很多人是看不起的，雖然很有趣味性，但是因為缺乏大量刻意練習，會顯得隨性和沒章法，基礎不穩、錯誤一堆。

那麼，到底是「打好基礎」重要，還是「保持興趣」重要呢？接觸過兩種教育模式之後，我還是覺得保持興趣最重要，基礎差了還可以慢慢彌補，興趣消散了就一輩子都不想學了。

東方人總是特別喜歡強調努力、刻苦、重複訓練。當然，這很正能量，努力奮鬥是很熱血，但是很多人總搞錯努力的主詞。注意，**孩子自動自發地努力才算數，父母的單方面努力只能算「外力」；如果孩子沒有興趣、內心排斥，只有父母努力，那無論堅持多久，有成績也是假的。**

你只知道那些彈得一手好琴的人，感謝父母逼自己一把，但是從來不知道更多的人，雖然小時候琴彈得不錯，但在脫離家長的督促之後，就再也無法堅持，最終荒廢了。你只注意到那些考上名校的學霸感謝父母逼自己一把，卻沒發現多少在國中校內名列前茅的人物，考上好學校鬆了一口氣之後，就再也提不起學習的衝勁，最終跌落神壇。

想想你自己，高中的時候可以熟練運用三角函數，現在還記得 sin、cos 到底是個什麼鬼嗎？只有我老公這種真心喜歡數學的傢伙，才會沒事想去研究一下「傅立葉轉換」到底是怎麼回事。

外部推動的力量再強大，也只是暫時性的，只有源於內心的力量才能讓人長久堅持做一件事，並把它做好。那些持續努力並有成就的人，無一不是因為真心愛上且投入。優秀的人確實需要付出辛苦，但是他們的「心」一定不能苦，用心甘情願的付出換來成就，才能獲得巨大的喜悅和自我肯定，進而形成良性循環。

如果純粹因為外界的逼迫和壓力才取得成績，就很難產生成就感，更不會「因為擅長而喜歡」。試想一下，被迫建造金字塔的奴隸，會因為金字塔雄偉壯麗而自豪，然後從此迷戀上搬磚嗎？**心靈雞湯文章的毒性就在於，它說了一個貌似很簡單而且非常正確的道理，但是從來不告訴你具體要怎麼做。**說得那麼容易，孩子不愛學，逼他一把就行了！請問要怎麼逼？有操作指南嗎？

肯定是沒有的！因為說出來不好聽啊：「罵啊、打啊、威脅他、情緒勒索吧（你不努力，對得起我和我花的錢嗎？）」可是，這是沒有好下場的，我就不說造成孩子心靈創傷之類的事了，就算他撐得住摧殘，我們這種普通人父母能讓自己在如此極端專制、罷道不講理的狀態下維持多長時間？

別鬧啦！這多半是一場不對等的戰爭，你除了對付孩子，還有一堆事情要管，沒有力氣每天都應對這種堪稱精神折磨的拉鋸戰，堅持不了兩年，你就會被他逼得不得不放棄。事實上，如果孩子心裡早就放棄了，你的堅持就沒有任何意義，頂多就是彼此多折磨兩年，你一鬆懈，他就全還給老師了。

好吧，逼孩子沒好下場，難道要放任他不想學就放棄嗎？當然，如果孩子完全不感興趣，不是那塊料，該放棄就放棄，及時止損。但是，你首先要確定，他是否真的沒興趣，還是只是因為不適合的教學方式，弄得太煩太累了。

你可以換一套更適合孩子的學習方案，譬如，速度放緩、難度變小、把大任務拆分成小的、增加更多趣味性，並且避免負面評價，取而代之是很多的精神鼓勵，先讓他有心想學了，再來試一試。雖然孩子會學得慢一些，但效果總比逼迫強。不要不分青紅皂白，就給孩子扣上「沒毅力」、「無法堅持」這種帽子，普通的小孩總是難免偷懶散漫嘛，你像他那麼大的時候，有比較勤快聰明嗎？

鼓勵學習，要循序漸進，細火慢熬。你得像吸引一隻小鳥落入陷阱一樣，需要足夠的耐心，用各種方式慢慢地勾引他掉入圈套，走得慢不要緊，大不了多等等，時間長了自然登堂入室。他領悟到了，開始有了成就感，內心蘊釀出了驅動力，再慢慢地提升難度也不遲。

比起「逼孩子努力向上」這樣的做法，我還是更願意相信興趣和熱情帶來的力量，**也只有心中有熱情，才能穩定、長久地付出努力。孩子真正感興趣和發自內心想要做什麼事情，再累都不會抱怨，反而會樂在其中。**只不過很多父母太著急了，嫌孩子進展太慢、失誤太多、不夠努力，一開始就逼迫他進行枯燥重複的練習，產生了太多負面感受，不知不覺就破壞了他的興趣和積極性。當然，天賦異稟的孩子能挺過這些試煉，但並不代表這種方式就是最適合的。

我們這個時代的教育焦慮已經泛濫，對孩子期望高到莫名的父母越來越多，我知道我的聲音對改變大環境而言是杯水車薪。寫這篇文章，只希望當你發現其實你在「推」孩子奮發的路上，同時也被孩子的情緒反撲到不知所措之際，至少你能明白，**逼迫孩子努力並不是唯一的出路，也不是對孩子最好的選擇。**

雖然起跑點上過於喧囂，但是要記得人生的路很長很長，請依然堅信與信任，快樂與興趣對學習帶來的力量，我們要在孩子心中留下更多對於學習的美好記憶啊！

第4章

家庭教育是孩子人格養成的基石

家長與孩子的親密度，取決於你是否用心愛他。

最好的親子關係，是互不虧欠

橙子一直非常支持母乳親餵，寫過很多關於親餵的好處以及技巧的文章，但每次總會在這些文章下面看到很多充滿愧疚感的媽媽的留言，為自己無法提供寶寶足夠的母乳而深深自責。唉，這實在不是我的初衷啊！為人父母的生涯這才剛開始，你因此覺得虧欠孩子，接著又是欠缺陪伴時間、再來後天發現欠衣服玩具……以後你要虧欠的事還多著呢！

你會虧欠他，學費很貴的早教班、上雙語幼稚園、好的學區、出國留學的機會……以此類推。等孩子成年了，你還會虧欠他房子、車子和媳婦；等他有了小孩，你註定還會虧欠他一個保姆。

這東西這麼好，別的孩子都有了，所以我的孩子也要有，如果我沒有能力給孩子這樣東西，那我就是虧欠了他。

這真的是一種很危險的想法！

當一個人什麼好東西都想據為己有，如果得不到就痛苦不已、難以接受的時候，我們會說他貪心。可是，當父母為了孩子這樣做的時候，這件事好像莫名其妙就變得偉大起來，這也是一個很奇怪的邏輯。貪心就是貪心，和受惠者是誰沒關係吧？

當父母的彷彿很容易掉到名為「犧牲」、「奉獻」、「偉大」的道德陷阱裡，以此來自我要求並且自我陶醉，將「把最好的給孩子」當成自己的人生目標，最後形成了一種無窮無盡的虧欠感，直到把自我吞噬。你只想把「最好的」往孩子手裡塞，最終的結果很可能是當你給不起「最好的」的時候，孩子會反過來覺得你無能。

前一陣子，有一個十歲孩子的發文引起一陣軒然大波，他說：「我的父母配不上我這麼好的兒子。」他確實成績優異、聰明絕頂，卻抱怨父母能力太差，無法提供自己更好的教育資源，更反對父母生二胎：「耽誤一個小孩還不夠，還想有第二個嗎？」雖然大家隱隱覺得這種言論有點不妥，卻又都莫名其妙地覺得孩子說得有道理，留言者居然大多持贊同的態度。

當父母的給予子女「最好的」，在這個孩子的意識裡好像並不是「選項」，而變成了「必需」，你給不了的時候，甚至變成「配不上」我這麼一個優秀的孩子。這麼好的東西別的孩子都有了，所以我也要有，如果你們當父母的沒有能力給，那就是欠我的。

這個邏輯，是不是很眼熟呢？這難道不是孩子的父母身體力行教給他的嗎？當一方習慣感到虧欠，另一方就一定習慣討債，依附者和被依附者總是成對出現，互相馴養。這讓我想起了很多悲情故事中的女主角，主角被「吸血鬼」式的父母生下，撫養成人之後就覺得孩子欠他們的，孩子小時候必須優秀，必須滿足父母的期望，成年了，就不停地以孝道為名索取。大家普遍覺得這樣的家長不合格，不配為人父母。

那這樣的爸媽到底是好是壞呢？其實，不該用好或不好來評論，應該說他們只是傳統父母。「吸血鬼父母」和「寄生樹父母」其實是傳統家長的一體兩面，本質上就是親子之間扭曲的依附和共生。這樣的爸媽和子女之間不可能有平等、沒有獨立、沒有尊重，孩子永遠都是父母意志的延續。有的孩子生下來，被當成賺錢工具，只為讓他們餘生無匱乏；有的被生下來，被指望就是要出人頭地，光耀門楣；有的則成為他們的附屬品，一輩子受他們控制。面對不喜歡的那個孩子，他們就成為吸血鬼，一輩子討債；對於他們喜歡的那個，就心甘情願化身為寄生樹，一輩子不停地奉獻，要把「最好的」給他，通常不接受也不行。無論是討債還是奉獻，本質都是一樣的，這樣的父母不是獨立的「人」，終身無法和子女真正分離，一定要用某種形態共生在一起。

獨生子女的家庭，小孩看起來是很幸運的，因為父母大都沒有機會當吸血鬼，只能是寄生樹，所以現在有越來越多家長為兒女「奉獻一生」的故事。為了讓他有更好的教育資源，不惜分居多年、不惜賣掉房產、花掉積蓄，不惜放棄職場生涯，遠赴異國他鄉……。

每當看到這樣的故事，我從來不會感動，只會感到不寒而慄。付出如此巨大代價的爸媽，已經完全放棄自己的生活，恐怕要和小孩終生捆綁在一起了。接下來，無論孩子是成功還是不成功，日子估計都不會太好過。

作為父母，對子女好、無條件付出、希望他幸福，是天性也無可厚非。但是，無論哪一方都應該在精神層面能獨立存在。孩子不欠父母什麼，他們應該去過自己想要的人生，而不是為滿足父母的期望而活。

同樣，爸媽也不欠孩子什麼，應該持續擁有自己的夢想和事業，而不是不惜代價奉獻一切。**維繫親子關係，應該靠最純粹的愛而不是虧欠感。可以健康地愛一個人，**

總是以自愛為前提的。養育一個小孩，最低標準是讓他吃飽穿暖，最高標準是讓他有最好的物質生活、上最好的學校。可是在這兩個標準之間，還有一個很大的空間可以選擇，世界上好的東西那麼多，總有你給不起的，你真的無須為此感到抱歉。

母乳是一件奢侈品，給不了，你也一樣是好媽媽；上早教班很好，如果家庭經濟情況不允許，也請務必心安理得；出國留學是件好事，但是如果搞到舉債度日的程度，也真的是非常不值得。

請深愛孩子，在你的能力範圍之內，不犧牲掉太多生活品質的情況下。

最好的親子關係就是互不虧欠，沒有虧欠和壓力的愛才最純粹。放下執念、放下焦慮，讓自己的生命更坦然，也讓孩子的生命更輕盈。

兩個孩子會成為手足還是敵人，全看父母怎麼做

雖然現在台灣大多人選擇只生一胎，但也有很多年輕爸媽更希望生一對。除了兩個才有伴，能夠互相扶持之外，也很期待能夠剛好一男一女，同時滿足傳宗接代的現實課題，也能沉浸在有個貼心可愛女兒的幸福感。但現實是殘酷的，兄弟姐妹感情不好，天天打架的比比皆是，大的就是看小的不順眼，有事沒事就要欺負一下，每天在家追趕跑跳碰一點也不稀奇。或許兄弟姐妹存在的本質意義，其實並不是互相扶持，而是爭搶資源，就像一個鳥窩裡同時張大嘴巴嗷嗷待哺的雛鳥一樣。這個資源不僅僅是物質上的，父母的關愛也是有限的重要資源。

無論爸爸媽媽多麼努力，兩胎之下，每個小孩獲得的關注度終究是不一樣的。這勢必會給第一個孩子造成很大的不安和失落。就好像一個進門沒幾年的小媳婦，一直和丈夫柔情蜜意、如膠似漆，覺得會被疼愛一輩子。突然有一天，丈夫和她說：「親

愛的，我馬上就要再娶一個年輕姑娘進門，不能每天都陪著你了。她是新來的，對這裡不熟悉、身體又弱，你要多照顧她、保護她，有什麼好吃的、好玩的，都要分給她。你們一定會成為好朋友的，高興吧？」要是你，笑得出來嗎？

所以，想要避免老大失去安全感，仇視弟弟妹妹，父母要做的事情很多。橙子家也有二寶，他們雖然時常打架，但大致上還是兄妹情深。一路走來，也有許多經驗可以和大家分享。

備孕或者懷孕早期

當你決定要生第二胎的時候，就應該開始著手先幫老大進行心理建設了。

首先，要不著痕跡地灌輸他「有弟弟妹妹是很棒的」的觀念，可以時常帶他到家有兩胎的朋友家玩，或者到有嬰兒的朋友家做客，讓他慢慢了解，弟弟、妹妹就是可以天天和自己玩的人，嫩嬰就是一個小小軟軟、很可愛無害的小生物。平時當他和其他小朋友玩到捨不得回家時，你可以不著邊際說：「哎呀，你們是兄弟姐妹就好了，就能天天在一起玩了。」潛移默化地引導一段時間，至少讓他對有弟弟妹妹的事情不會太排斥。

然後，看時機差不多了，趁自己的肚子沒大起來，找個他心情好的時候，正式徵求（拐騙）他的同意：「寶貝，你想不想要一個小弟弟或者小妹妹？等他長大了，就可以天天陪你玩了耶，你們每天都可以一起吃飯、一起睡覺、一起玩遊戲。你再也不孤單了，多棒啊…」和他一起想像一下有弟弟妹妹的美好，迷湯儘量灌好灌滿。

這麼好的事情，老大一般都會同意。既然是他決定要的，那麼接下來就好辦多了。

懷孕中晚期

當肚子慢慢明顯的時候，你就可以和老大分享胎兒在肚子裡的成長狀態。沒事抓他過來討論寶寶現在有多大了，他平時在媽媽肚子裡做什麼呢？你希望他是弟弟還是妹妹呢？長什麼樣子呢？發揮想像力，答案可以光怪陸離，聊得越多越好。產檢照超音波的時候，最好也把他帶去，讓他看看小寶寶是什麼樣子的，對媽媽肚子裡的小生命有具體概念。

懷著一個、帶著一個會很辛苦，但還是儘量多抱抱老大，如果你跟寶寶的狀況都不錯，那麼抱一下大的也不會有什麼問題。就算不抱，也要婉轉地告訴他，現在他長大了太重了，媽媽力氣小，抱不動了就好。如果老大已經很會說話了，那麼你懷二寶的消息，就儘量多讓他親口告訴親戚朋友或者他想要分享的對象：「媽媽要生小寶寶了，我要當哥哥（姐姐）了。」這話多說幾遍，小朋友立刻自豪感爆棚啊！

親戚朋友全都知道了以後，需要提防一些喜歡嚇唬孩子的白目親戚——「媽媽有了小寶寶，就不要你了！」這隨隨便便一句話，非常恐怖，殺傷力極大，直接威脅孩子的安全感。如果實在沒攔住，真的被老大聽到了，千萬別默不作聲，一定立即表明態度：「媽媽最愛你了，永遠都不會不要你啊，別聽他說的。」

當孕期接近尾聲的時候，就要開始幫老大做好生產那天的心理建設了，告訴他：「有一天小寶寶就要出來了，有可能是半夜，也可能是白天。媽媽要去醫院，要好幾天才會回來，你在家裡和爺爺、奶奶一起玩，要乖乖等媽媽帶著小寶寶回來。」卡通巧虎有一期講媽媽從醫院帶回妹妹小花，巧虎當大哥哥的故事。當時我沒事就要和毛頭看一遍這個故事，讓他對即將到來的這個時刻做好充分的心理準備。

這個時期還要做一件事情，準備好一份禮物並提前藏好，等出院的那一天送給老大，告訴他這是弟弟妹妹送的。這個禮物要下點血本，一定要讓他非常喜歡才可以，這樣除了會讓他特別感謝寶寶，也能轉移他一段時間的注意力，媽媽才有辦法多休息。

二寶出生後

二寶出生以後的半年內，媽媽要做好準備迎接挑戰。雖然前面鋪了那麼多路，但只要大寶不是傻子，他總會慢慢開始感覺到事情有些不對勁。他會發現，所有大人不再永遠聚焦在自己身上，有時候甚至忽略自己，媽媽不是在餵嬰兒喝奶，就是在睡覺；自己想要親近媽媽，總需要等待，而之所以要等待，多半是因為那個只會哇哇哭的小東西，自己的地位從優先變成次要了。

一旦他開始感受到自己境遇的改變，他的心理就會產生防禦機制，想要把原來的待遇搶回來。這個時候，他就不知道會做出什麼稀奇古怪的事情了。可能會無理取鬧、黏人耍賴，還會想出各種有創意的事情去吸引大人的注意。我清楚地記得，三歲的毛頭看見媽媽和阿嬤一起幫妹妹洗澡，沒人理他，突然就把自己的褲子脫了，只為了讓大人多看他一眼，他也真是豁出去了。

更要命的是，已經有些自理能力的大寶，這時候好像突然什麼都不會做了，吃飯吵著要人餵、睡覺哭著要你哄、尿褲子尿床、半夜突然驚醒、天天求抱求哄求安慰，就差拿起奶瓶加減吸了，簡直變成了另一個大號嬰兒。

此時，爸爸媽媽的內心應該很崩潰吧。但無論多崩潰，都不要苛責他，多體諒他的感受，他只不過是想確認爸爸媽媽是不是還愛自己而已。

1、用行動告訴大寶，爸爸媽媽依然很愛你

媽媽要儘量把大部分心力放在大寶身上，小的這時候只知道吃喝拉撒，除了餵奶，其他事情就儘量讓別人代勞。每天要有一段時間和老大獨處，認真地陪伴他，重溫只有他的時光。給他看他嬰兒時期的照片和影片，讓他知道在他小的時候，媽媽也像現在照顧小寶寶一樣呵護他。再忙也不要忽略他，即使手邊忙著，但嘴也別閒下來，多和他說話。如果媽媽實在脫不了身，讓爸爸或者其他家人陪伴大寶，不要讓他感到孤單。

2、培養大寶和小寶寶之間的感情

引導大寶親近並照顧小寶寶，在有大人監控的情況下，讓老大多摸摸、抱抱小的。

換尿布的時候，讓他幫忙拿尿布或者扔尿布（當然，如果他不願意就算了）。創造各種互動的機會，幫他們拍照、讓老大幫忙推推車或者搖籃、讓他表演模仿寶寶。如果大寶出現親近愛護小寶的行為，要大力表揚，見人就說、逢人便講；如果出現對小寶的敵對情緒，要盡力安撫淡化，千萬不要扣上「不是好哥哥（姐姐）」的帽子。找機會帶著寶寶去大寶的幼稚園，讓其他小朋友看到，在一片羨慕嫉妒的氣氛裡，他也會提升當哥哥、姐姐的自豪感。

從二寶出生到半歲之前，是非常關鍵的時期，如果你能多注意和關心老大，大概半年後，他就會逐漸適應有個弟弟、妹妹的環境，就不太會鬧彆扭了。

二寶六個月大之後

如果大寶的情緒比較平穩，對弟弟妹妹有了感情，也比較能接受小嬰兒的存在了，就可以開始不著痕跡地減少一些對大寶額外的注意力了，之前可能八〇%的精力都放在大寶身上，這個時候就要慢慢平等對待了。要求他等待媽媽餵奶、哄小寶睡覺，要求他在小寶睡覺的時候儘量安靜，不再事事以他為中心。

平時他可能會有逗弄小寶的行為，捏耳朵、拍腦袋之類的，不要指責喝斥，他可能只是想和小的玩，所以想看有什麼反應（一戳就哇哇哭好像也挺好玩的）。既然不想讓大寶繼續有錯誤的行為，只是制止是不夠的，還要教他和弟弟妹妹正確玩耍的方式，可以對小寶寶做鬼臉、看誰能把小寶寶逗笑、一起幫小寶寶換衣服換帽子，或者讓他表演唱歌跳舞給小寶寶看。媽媽們發揮想像力吧！

另一方面，當小寶寶能夠自己移動的時候，小搗蛋鬼的本質就完全釋放出來了，動不動就打翻積木、弄亂拼圖，引起大寶的強烈不滿和抗議。這個時候，當父母的一定要先站在老大那邊，強烈同意是小的做得不對，然後再跟他解釋小寶還小，不懂事的問題，爭取他的寬容。平時兩個小孩玩耍的時候，也要儘量避免衝突，還可以發明一些適合兩個孩子的遊戲。譬如，和大寶說：「小寶寶是隻小怪獸，我們蓋個房子來讓他弄倒好不好？」

二寶一歲之後

這個時候，二寶也開始有了自我意識和想法，也需要受到尊重，各種矛盾和爭奪會越來越頻繁地出現。當父母的這時就要開始當法官審案件了，切記審案標準要保持一致：誰先拿到東西誰先玩、大寶和二寶可以各自保有幾件不許對方玩的特殊玩具、只要一個已經不再玩某件東西，另一個就有權利玩⋯⋯等等。

即使他們兩個天天鬧得雞飛狗跳，連張衛生紙都要搶，搞得你耳根不得清淨，只要你能不偏不倚、對事不對人，他們依然可以有好感情。因為讓他們和睦相處的關鍵是公平！偏心是導致兄弟姐妹失和的最重要原因。即使你內心真的認為另一個更得你心，也一定要克制自己，不要當在孩子們面前表現出來。經常表現出不公平，不單會讓不被重視的孩子感到委屈、自卑、受傷害，也會讓被偏袒的孩子變得自私又任性，兩敗俱傷。

做到公平需要注意以下幾點：

不要因為小寶還小，就事事以他為先。當兩個小孩同時需要你的時候，得到回應的機會最好是一半一半。不能以年紀小為由，要求大寶事事謙讓。大的肯定永遠都比小的大啊，難道要他讓一輩子？同樣的道理，也不能讓二寶事事都遷就大寶。

說話也要格外小心，表揚或者批評其中一個的時候要就事論事，不要把另外一個拉來做榜樣或反面教材。

當兩個寶寶的父母，一定不能養得過於精細，把有限的精力消耗在無限的細節裡。生二寶之前就要讓大寶做到生活基本自理，至少吃喝拉撒不成問題，二寶也要早早養成作息規律、自己睡覺的好習慣，他若哭兩聲就哭吧。你只有具備了足夠的時間和精力，才有本錢和兩個孩子鬥智鬥勇！

身為兩寶的爸媽責任重大，得時刻學習、時刻修煉。**願天下所有計劃要生兩胎，以及已經有兩寶的家庭裡的大寶和二寶都能和睦共處、相親相愛。**

別誤會了，孩子並不想要你「平等的愛」！

記得果果剛出生時，三歲的毛頭是很矛盾的，一方面他很喜歡妹妹，一方面也感受到強烈的威脅——媽媽對妹妹的關切好像遠遠超出了他的預期。這讓他非常不適應——我是想有一個妹妹，但是她還沒重要到讓我拿最愛的媽媽去換啊！所以，毛頭那時候出現了很多奇怪的行為。試圖把自己變回 baby，博得和妹妹同樣多的關愛。

好在妹妹像是來報恩的，睡覺餵奶不用太操心，脹氣期過去之後，就可以自主入睡，我就有了更多的精力去陪伴毛頭。他知道媽媽依然愛他，返嬰現象終於停止了。但是，他始終有一個心結未解，他會經常問我：「媽媽，我和妹妹你最愛誰？」

面對這種敏感的問題，我都會說出求生欲超強的答案：「你和妹妹在我心中是一樣的，你們兩個我都愛，沒有誰多一點，也沒有誰少一點。」

但是，這種答案並不能讓他滿意，所以他總是一遍又一遍地追問：「只能選一個呢？只能選一個的話，誰才是你的最愛？」

我也只好不厭其煩地說：「媽媽選不出來，因為你們兩個都是我的孩子啊！」

毛頭不屈不饒，硬要問：「可是如果你問我最喜歡你還是爸爸，我就可以很肯定我最愛你啊。你為什麼選不出來啊？」這孩子邏輯滿分啊！我竟有點無言以對，只好瞎混過去：「媽媽和你不一樣，媽媽就是選不出來啊！」

這樣的對話會來來回回幾百遍，直到他覺得沒意思了，才悻悻然作罷。顯然，他不喜歡我這種打馬虎眼的態度，每次問完都一副失魂落魄的樣子。我知道他很想讓我告訴他，「媽媽最愛的是你，你在我心裡是第一位的」。但是很遺憾，我不想說謊，也不想讓他認為妹妹是家中地位較低的孩子，只好讓他失望了。

最近妹妹長大了，也開始問我這個問題，讓我頭痛無比。站在他們的角度看，好像也很委屈：「媽媽，我最愛的是你，為什麼你最愛的不是我呢？好不公平！」我慢慢意識到這不僅僅是一個很無聊的撒嬌問題，如果孩子們解不開這個心結，就會隨時處於「爭寵狀態」。他們會爭奪媽媽關心的眼神、媽媽身邊的一個位置、媽媽的一個擁抱⋯⋯

媽媽陪哥哥寫作業，為什麼不陪我？
媽媽為什麼只抱妹妹上樓？我也要抱！
媽媽為什麼只陪哥哥下棋玩桌遊？我也要玩！
為什麼媽媽幫妹妹買的衣服總是比我多！

因為媽媽從來不表態誰是第一名，那就努力搶當第一名吧！他們要從生活的蛛絲馬跡中搜集「我在媽媽心中更重要」的證據，至少也要證明一下「對方沒我重要」。

他們並不想要什麼「平等的愛」，他們需要的是「獨一無二的愛」。尤其當我看到Siblings Without Rivalry《如何說，孩子才能和平相處》這本書之後，有更深的感觸。

其實，對於孩子所謂「你最愛誰」的問題，正確答案並不是「你們對我來說都一樣」，而是告訴他：「你對我來說是特別的」。你是我唯一的毛頭，妹妹和你是完全不一樣的人，整個世界上都沒有像你這樣的人，沒有人有你的想法、你的感受、你做事的方式。你看你組的積木、畫的畫，都那麼有創意。在我心中，沒有人能代替你啊！

當我第一次和毛頭這樣說的時候，他超級開心，一個回答打死後續所有問題。

當然，做人要言行合一。既然你承認每個孩子對你來說都是獨一無二的，平時生活中就千萬不要流露出讓兄弟姐妹互相比較的意思，因為一旦比較，就是要求他們其中的一個變成另一個的樣子，這不就是自打嘴巴嘛！尤其千萬不要說下面這種話：

你看哥哥都能自己穿衣服了，你怎麼還讓媽媽幫忙！

你怎麼這麼吵！看妹妹多乖。

這樣非但不會讓孩子的行為變得更好，而且根本就是挑撥兄弟姐妹之間的感情。

平時應該多強調每個孩子的優點，讓他覺得自己有價值。可以這樣說：

妹妹特別喜歡分享，有什麼好吃的好玩的，都記得分給哥哥。

哥哥總是特別有創意，媽媽永遠都想不到還可以這樣玩。

妹妹好喜歡整理東西啊，你看你的房間真是整齊乾淨！

哥哥真的很體貼，妹妹哭成這樣，你一下就能安撫她！

如果孩子們的好行為能被最愛的媽媽「看到」，他們就會知道自己在媽媽心中的重要性，而充分感受到自己的價值所在，也就沒那麼急於去用「爭寵」來證明自己。

另外也要留意，儘量避免讓兩個孩子陷入某種對立的「角色」當中。譬如，總是強調一個孩子文靜、另一個好動，因為這樣從邏輯上，你就沒法解釋為什麼兩個孩子你都愛了。

如果你有意無意透露出自己喜歡安靜，那麼被貼上「活潑好動」標籤的孩子就總是會感覺受到威脅；而「內向文靜」的那個為了投其所好，就會更想突顯這個特質。

其實，父母應該鼓勵孩子的性格特點呈現出多樣化，有靜有動、有時活潑調皮、也能安靜獨處；時而純真、時而機靈……這樣多樣化的孩子才是完整真實的，才是值得擁有你獨一無二的愛的孩子。

媽媽的時間跟精力畢竟是有限的，孩子之間爭寵在所難免，但是如果他們爭到影響日常生活的程度，當媽媽的還是要檢討一下自己，是不是自己一些不經意的表態，讓手足陷入了對抗和競爭的關係中。

作為孩子們最愛的人，當媽媽的還是要多有一點心機，練好腳踏兩條船的功夫，最好是讓每個孩子都覺得「我在媽媽心中是最特別的存在」。這樣他們自然會心滿意足、充滿安全感，也就不再擔心自己的地位了。當孩子感受不到對方威脅的時候，手足間深厚的情誼會自然而然地呈現了。

兩個孩子同時要黏媽媽，到底先顧誰呢？

很多獨生女媽媽，腦中關於兄弟姐妹的觀念大多是來自韓劇，她們對此充滿了不切實際的幻想。

直到生了第二胎，獨生子女父母才突然發現：媽呀！兩個小孩之間怎麼會發生這麼多狀況？之前想都沒想過啊！

很多生二胎的讀者朋友跟橙子說，因為自己對處理手足關係完全沒有經驗，現在已經被兩個屁孩搞得焦頭爛額。老大缺少了關愛覺得委屈、老二就真的年紀還小需要更多的照顧，媽媽顧此失彼、分身乏術，不知道到底要先顧及哪個才對。

是啊，當老大和老二同時需要媽媽時，到底選擇哪個呢？這是個難以抉擇的問題，每個家庭的標準都不一樣。

有的媽媽總是先顧小的，因為他確實更需要照顧和關心；有的媽媽總是先抱大的，因為特別怕傷害大寶的感情；有的媽媽總是先安撫哭得更慘的那個；有的媽媽總是先關切卯起來鬧的那個；有的媽媽先袒護妹妹，因為總是想多寵女孩一些；有的媽媽先照料男孩，因為他是延續家族血脈的人……。

每個人帶小孩的理念及風格都不同，**「不論你出於什麼理由，以上所有『優先標準』都是廢話。因為一旦你心裡有了先入為主的標準，就再也無法公平地對待兩個孩子，你就正式開始偏心了！」**

俗話說：「手心手背都是肉」，當媽媽的都會說：「都是我親生的，我當然兩個都愛。」但是，這些話都是說得好聽，人非聖賢，當父母的肯定也有點「小私心」，會因為某種原因格外疼愛其中一個子女，也是人之常情。

但是，你一定要克制住你的私心，千萬不能表現在行動中，讓子女看出來。一旦他們發現爸媽不公平，就會自然而然地形成「階級」，被偏愛的孩子習慣被優待，不被偏愛的那個下意識也習慣「退讓」。於是，偏心被合理化成了日常行為，接下來的事情就會不可避免地步入悲劇——兩個孩子的心理都會扭曲，留下不同的傷痕。

發現自己不被重視的孩子，最後會慢慢接受自己「低人一等」的安排，然後多半被迫「乖巧懂事」、甘於「奉獻」、特別「努力」。其實他內心缺乏自尊與自我認同，永遠覺得是因為自己不夠好，所以得不到更好的資源及父母親的愛，只有刻意地去討好才能找到自我存在的意義。

而獲得更多寵愛，有恃無恐的那個孩子呢？他會接受自己「高人一等」的人設，理所當然覺得全家人對自己好是應該的，所有資源本來就該歸自己支配。長期有特權的人，會變得自私自利、毫無同情心，而且不認為該努力，只想等著別人供養自己。

所以在多胎家庭裡，「不偏心」是一件非常非常重要的事情，無論是提供給孩子的物質，還是你的關心和陪伴，都不能有明顯的偏頗。**你要讓孩子們知道，你對他們的愛是沒有區別的，和他們做了什麼事情無關。**

再回到開頭的問題，當兩個小孩都吵著要黏媽媽的時候，到底先顧誰呢？

正確的做法是「不要有標準」

因為你一旦有標準，就一定會有一個孩子更能適應。譬如，毛頭天生嗓門大，他的哭聲一定會比果果大三倍，我如果按照「誰哭得大聲」來決定，那麼每一次我都會先顧他，這就變成明顯的偏心了。

所以，關於哪個孩子優先，一定不要有什麼標準，儘量讓狀況隨機發生。這次抱這個、下次抱另一個，有的時候心情不好就都不抱。孩子越是分不出規律，就越感覺不到偏心。勸架也是一樣的道理，有時候兩個在吵架或者搶東西，實在分不出來誰對誰錯，不如來個隨機分配，這次讓哥哥占優勢，下次換妹妹。誰都有被照顧的經歷，也都體會過什麼是委屈，那就感覺不出來什麼叫偏心。

手足之間的關係，說複雜也複雜，說簡單也簡單。複雜在於孩子們整天打架搶東西爭寵，為雞毛蒜皮的事情哭打成一團，每天都要讓媽媽的理智斷線不下十次，實在火大到極點。但實際上，這關係也很簡單，無論被如何對待，只要父母能做到不讓孩子們察覺出明顯的偏心，他們對彼此沒有怨氣，矛盾就都是暫時的，關係自然不會差。

所以，你不需用要求自己對每個孩子都達到對獨生子女那樣的標準，你做不到，孩子們也不需要那麼多關注，他們只需要父母足夠且平均的愛。你的立場公平會讓他們收獲純粹的手足之情，這也是非常珍貴的。

夫妻吵架要互留情面，家教觀念要一致

人永遠都是犯賤的！我終於實現了曾經的夢想，把我那鋼鐵直男的老公調教到無論是接送、陪玩、照顧樣樣精通，對兩個孩子認真負責又有愛，簡直是位優秀的「標準奶爸」，但我內心的喜悅卻沒有想像中那麼美好。

我們依然會吵架，只不過吵架的內容從「你就不能管一下小孩嗎？」逐漸變成了「你怎麼這樣教啊？」有時候我真的會激動地喊：「你回去打你的電動，小孩下午我自己帶！」

相信聽到這句，很多偽單親媽媽肯定恨不得掐死我了，但是你們真的不知道，男人在帶小孩的過程中，不可避免地對孩子萌發出越來越多的責任感，開始和你爭奪管教孩子的話語權，這種情況有多恐怖。

譬如，前幾天，老公就因為毛頭再次弄丟了作業而大發雷霆，他覺得這件事實在

太嚴重了，說明孩子對學習不重視、做事不認真、沒有責任感。他對孩子飆罵，直接激怒了我的「老母雞急護兒」的心情。我立即暴躁地吼回去：「你這是什麼態度？有話為什麼不能好好說？他也不是故意丟的，剛換了學校不適應，就不能給他一點時間？你這麼兇，他有多害怕！還扯到沒責任感，你七歲的時候多有責任感？還不是翹課去打電動！」

正當我覺得自己說得相當有理而洋洋自喜的時候，老公氣得甩門離開，整個暴走了。我們兩個都氣得要死，過好久才冷靜下來。

又譬如昨天，我送果果上學但狀況很多，她一早因為不肯綁頭髮，被我唸了幾句，一直臭著臉、心情不好，進了教室卻黏在我身上不肯離開，最後分開時竟然就哭了……這些已經夠煩的了，老公還在旁邊白目，硬要碎嘴：「她綁不綁頭髮這件事，妳非要現在計較嗎？為什麼不能回家再好好和她商量？為什麼在她上學壓力大的時候，還把她的心情搞得那麼糟糕？你送她進教室的時候，有好好抱抱她嗎？為什麼不陪她玩一下再走？為什麼不在窗口多看幾眼再走？我送她的時候她高高興興的，怎麼你一送就哭哭啼啼的？」

一連串直搗我怒火的問句聽得我拳頭緊握，好想狠狠揍他幾拳、撕爛他的嘴！好吧，我承認他說得有道理。但是，兩個人一起帶小孩，難道註定要一直這樣互相傷害嗎？我甚至有點懷念他總是置身事外的時期，那時候吵架，我至少還能站在道德制高點，現在好啦，簡直是在平原上互相對射，吵完兩個人都遍體鱗傷，根本沒有贏家。彼此都痛苦啊！

冷靜下來之後，我們仔細分析、討論了一下，發現最近我們兩個人的合作默契出現了一些問題。大多數吵架都是這個模式：一方作法不妥讓孩子哭了，另一方心疼了跳出來指責，但氣燄太強使對方惱羞成怒，更加不肯承認錯誤，然後大吵一架後不了了之。

想要時時刻刻控制情緒、保持理智，希望能顧好孩子又不破壞原則，過完相安無事的一天，談何容易？但是，指責吐槽別人卻是很容易，只要動動嘴皮子，就可以證明自己更愛孩子、更有方法、是個負責任的好父親／母親。壞人交給你，好人我來當！這種情況下，是要如何控制自己保有一點口德呢？

可能是受到上一輩人作風的影響吧，很多人總是有種誤解，以為尖銳地指出別人的錯誤，並且仔細地批評一番才是在提點對方、為他好。他們意識不到，這樣做只是為了滿足自己潛意識裡對控制欲的追求罷了。不但沒有幫助，反而是一種精神上的攻擊，根本就無法被接受。想想看，被不認識的社區大嬸批評孩子帶得不好，你都想罵髒話了，更不用說是被親人指責，怎麼能不爆炸？你難道不是應該愛我、保護我、理解我、關心我的人嗎？怎麼能說這話傷害我？

另一方面，父母總是這樣互相指責對方管教方式，其實一點好處也沒有。孩子發現父母有矛盾，就不會覺得自己有錯了，可能會鑽漏洞，還會無師自通地知道如何告狀、挑撥離間等技能，利用這種矛盾來掩護自己。我記得小時候練琴，一旦不認真練，就會被我爸打屁股，我就故意狂哭猛哭，我媽就會來救我，數落我爸太兇。幾次下來，我就更不認真練琴了，反正被我爸兇的時候，大哭就對了。結果後來也不知道發生了什麼，無論我再怎麼哭天搶地，我媽都當沒聽見，於是只好認命，老老實實認真練琴了。

當然體罰不見得是最好的管教方式，也會有非常多的副作用。但是，父母在孩子面前必需要有共識、有默契，就算不是最理想的作法，也總比完全沒有效果的管教要好得多。

分析到最後，我和老公達成了一個口頭協議：「為了家庭和諧，為了更好地教育小孩，以後就算對方在管教的當下出了錯，也絕對不可以指責。」如果沒忍住一時嘴賤，那就是無可救藥的差錯。

可能有人要問，難道眼看著家裡其他成員吼罵、又沒耐心地粗魯地對待孩子，也都要不聞不問嗎？當然不是這樣，只不過用指責、批評的方式介入，不但毫無用處，還傷害關係，絕對不可取。我們都說平時面對孩子要講方法，對待成年人也是一樣啊！

其實，被兇的是自己親生的孩子，肯定會捨不得，之所以總是用傷害孩子的方式處理問題，是因為爸媽當下情緒失控而失去理智。這個時候，如果你比較冷靜的話，應該用幫助的姿態為對方解決問題，而不是指責他做得不對。

總而言之，別再怪另一半做得不夠好了，因為該你上場的時候，你也未必做得多好，只不過是你特別擅長找理由原諒自己罷了。

當隔代教育理念發生衝突時，該如何化解矛盾？

現今社會，對家庭主婦或職業婦女而言，帶小孩無疑都勞心費神，總希望有人能夠支援。但是就算這個援助出現了，也可能衍生更多麻煩事，因為別人的育兒觀念不見得跟你一樣。尤其是當你家有位毫無原則、無法不寵小孩的隊友或老人家，那就真的讓人很想死。不管是要糖果還是要看手機，全都能立即滿足，就算孩子打人或搞破壞，也可以一笑置之，隨時隨地都在摧毀你辛苦建立出來的成果。反對是很難的，因為你一旦插手干涉，就好像跟孩子對立，變成了壞人，然後就不要跟你同一國了。或是就是有人理直氣壯和你對抗：「孩子高興，讓他玩一下會怎麼樣嗎？」不然就是直指你是壞人：「好了啦，不要玩了，你媽說不可以。」更常見的應該就是跟孩子間來個秘密約定：「外婆買巧克力給你吃，不可以跟媽媽說。」就好像硬要跟你唱反調，總能把你氣個半死！這要怎麼辦啊？

第一種情況：解決當下問題的手段

通常是出現在幫忙帶小孩的長輩身上。老人家長期帶孩子，精力總是有些吃不消的。這個時候，他們容易趨向於用最簡單的方式解決問題，譬如給小孩零食、讓他們玩手機或看電視，對於孩子長遠的影響，也就顧不得太多。

當然，偶一為之也沒什麼，問題是他們除了順著孩子，沒有其他辦法解決衝突，日子久了「有求必應」就變成了「唯一辦法」。你不讓他們這麼做就等於奪走了他們的自主權，本來給顆糖就能解決的事，你強迫制止，他們就不知道怎麼讓孫子、孫女乖乖聽話，是要怎麼再帶呢？

簡而言之，溺愛是他們愛的途徑，你不讓他們這麼做，就是阻止他們去愛，他們又怎麼可能認同你呢？這種情況有破解方法嗎？我們可以努力和長輩溝通，分享一些育兒文章，平時和他們探討如何帶小孩的問題，遇到孩子不合作，可以採取什麼方式，和他們約定可以看電視的時間、每天吃零食的量，如果願意花錢在孫子、孫女身上，那麼怎樣才是花在刀口上。這些標準都是可以坐下來好好討論的，如果你能在理解老人也難為的基礎上和他們真誠溝通，是會有一些效果的。

如果你家長輩很固執、無法溝通，那吵架也是沒用的，沒有人會因為吵輸了而改變自己。只能想辦法儘量減少他們和孩子相處的時間。如果你不是家庭主婦，那就儘可能送去托兒所。平時在家，你也要多花時間和孩子相處，也是為了降低他們能夠介入你管教小孩的機會。只要避免讓小孩熟悉被「寵」的感覺，基本上就不容易被慣壞。

第二種情況：出於補償心理

孩子的主要照護者是遵守原則的你，但是不管是豬隊友或是自己的爸媽，總三不五時打破規矩，養成孩子壞習慣。譬如，好不容易養成的好習慣，回一趟老家過個年，就七零八落了；孩子晚上九點就能進房睡覺，只因豬隊友的一時興起，就和孩子嘻嘻哈哈地玩到很晚。造成這種情況，一般是因為溺愛方的家人平時很少和小孩相處，當他們想要親近的時候，就因為補償心理，希望孩子喜歡自己，就難免有求必應。

如果他們和孩子相處的時間非常有限，那你其實不必太擔心這個問題。孩子是你帶的，幾乎朝夕相處，他肯定還是受你影響最多，偶爾被別人嬌慣一下也沒關係。你只需要讓他明白，情況分兩種，一種是「日常」、一種是「特殊情況」。日常時要講規矩，但特殊情況下可以酌情放縱一下。

譬如，爸爸平時很忙，好不容易有個假期，或者爺爺奶奶偶爾來住幾天，是可以破例多吃點糖果、多看點電視、晚點睡，但是特殊時期過去了，就該懂得回歸日常！其實就算沒有這些人來寵，你自己也是會偶爾縱容一下孩子吧。

規矩固然重要，家庭的和諧氛圍也很重要，如果孩子只是偶爾被慣一下，也不涉及安全問題，就放鬆點，睜一只眼閉一只眼吧，讓他偶爾享受一下被「寵溺」的感覺：只要爸爸在，就可以耍賴要背要抱；只要去外婆家，就可以看電視。這也是一種很幸福的童年記憶啊！

第三種情況：混合育兒模式

要兩個教育理念不同的人，一起帶小孩真的是最複雜也最難處理的情況。事實上，這種情況之下，相對有原則的一方，肯定是要替溺愛孩子的那方「擦屁股」的。寵小孩的那個人，單方面享受了最多養育孩子的樂趣，卻把「教孩子做人」的責任完全丟給了別人，並且直接接收對方管教的成果——一旦孩子鬧得他受不了了，他就會威脅孩子：「再這樣，我就要告訴媽媽了！」好人都讓他來當，也是十分精明。

沒關係，既然這樣也別抱怨，先就盡責扮演好這個壞人。一旦豬隊友因為小孩不合作而焦頭爛額、煩躁不堪，你就火速把孩子拎走搞定。這樣多做幾次後，他就漸漸產生一種「啊，我好像不太會教小孩，應該只有媽媽才搞得定」的心理，以後自然而然就會把孩子的管教權讓給你了，那麼之後也就好辦了。

有的父母會非常擔心，如果孩子身邊都是只會寵他的人，只有我有原則，那小孩會不會討厭我呢？**家長與孩子的親密度，取決於你是否用心愛他，和你是不是有規矩、有原則無關。**

實際的例子就是我自己，小時候我媽對我要求非常嚴格、規矩特別多，一顆糖都不能吃，做錯事了就是被狠罵一頓，甚至體罰。而我爸就真的是佛心來的，跟他在一起的時候，我做什麼都可以，看電視、吃冰他都不管，闖了禍，他也只是象徵性地說下次注意就好了。

但是，我還是喜歡整天和我媽膩在一起，一旦我媽有事，要我爸照顧我，我就很不高興。因為我媽平時陪我時間長，我的喜好習慣她都了解，和她在一起，就很舒服開心。而和我爸就一言難盡，雖然很自由，但是他不知道我喜歡穿哪條裙子、不會幫我綁頭髮、做飯不怎麼好吃、講故事也不生動、又不喜歡陪我玩遊戲⋯⋯總而言之，還是媽媽好，即便規矩多也無妨，反正我也很習慣啊。其實，那些寵小孩的家長是用戰略來掩蓋自己的懶惰，「沒有心」的討好，孩子是不會領情的，頂多就是一種「利用」的心態，把你當個提款機而已。溺愛的壞處在孩子小的時候看不出來，但是等他長大了，就會越來越明顯，他對寵溺自己的長輩非但不會有額外的感情，反而會認為這種付出是理所當然的。當過度溺愛孩子的隊友或長輩發現，孩子越來越輕視自己時，自然會嚐到苦果。

總而言之，很不幸地你家就是有這些扯你後腿的成員，不要起正面衝突，這不但會破壞家庭氣氛，而且肯定也沒用，畢竟這世上沒有什麼事，比改變一個人的想法更難。你唯一能做的就是挺身而出，更積極地參與孩子的日常生活、多陪伴他。你參與得越多，話語權也就越多，他和你的感情越深，你可以影響他的層面也就越多。當你是孩子心中那個最親近、最重要、最不可或缺的人時，別人溺不溺愛都不重要了。願孩子們都能在有愛也有原則的環境中健康成長。

讓豬隊友變神隊友，你要這樣做

老公什麼時候最可恨？是你整晚哄小孩，他卻呼呼大睡的時候？還是你手忙腳亂地一邊餵奶一邊做家事，他卻專心地看球賽的時候？還是有事情請他協助，他卻拿出一百個理由推托的時候？還是你抱怨訴苦，他卻懶洋洋地回嘴：「帶個孩子有這麼累嗎」的時候？

無論哪一種情境都會讓人有種「為什麼要和這個人繼續生活？」的絕望念頭。為什麼溫柔體貼、天生奶爸的老公都是別人家的？為什麼我要每天二十四小時待命，隊友卻一副沒他事的樣子？你可能會氣憤難平，一有機會就強烈要求他盡些當父親的責任。但是，一般效果都很糟糕。脾氣好一點的嘴上答應，但就是敷衍了事；脾氣差一點的直接翻臉「煩死了，沒看我上了一天班，累得要命嗎！」最後結果就是大吵一架、不歡而散。

經常有新手媽媽跟我訴苦，說她隊友實在很扯，一點都不願意幫忙管小孩，暗示他裝傻、明示找藉口、強迫他就翻臉，日子簡直快過不下去了。其實，這種情況在第一個孩子出生的第一年裡真的蠻普遍也很正常，無論你們當爸媽之前多甜蜜，有了小孩之後肯定要面臨挑戰，橙子本人深有體會。

這個問題，橙子參悟多年，終於有些心得，今天把壓箱寶拿出來和大家分享：怎麼才能讓老公心甘情願地幫忙做家事、帶小孩？

你是他老婆，不是債主

相信很多新手媽媽也和我有一樣的心情：自己生小孩就夠辛苦了，生完之後照顧起來更辛苦，心中總有些怨氣和委屈。看著老公不痛不癢，半夜還不用起來餵奶，看到他一派輕鬆的樣子心裡超級不平衡。於是，就會覺得老公跑腿是他應盡的義務，使喚起來沒有任何心理負擔，口氣自然就開始不客氣了：

拿尿布，快！快點啦！

還不快起來去餵奶，沒聽你兒子（女兒）在哭嗎？

垃圾幹嘛不拿去倒，都說幾遍了！

你在幹嘛？陪他（她）玩一會下會死嗎？

摸著良心說，當你使喚他做這做那的時候，內心是不是滿爽快的呢？老娘受了那麼多罪，總不能就你自己爽吧！當然，一開始產婦最大，老公有些愧疚感，能夠接受這種口氣，但時間長了就受不了了，誰會喜歡被呼來喚去做這做那，做完了還沒半份功勞的感覺呢？又不是奴才，又不是真的欠你。

如果你老公沒有為孩子付出那麼多，和孩子之間的情感聯繫自然就更弱。他想付出多少是他自己的選擇，種什麼因得什麼果。所以，就算他做得比你少很多，那也是他欠孩子的，不是你。

所以，媽媽們在要求隊友上工的時候，不要一副債主嘴臉，夫妻之間也要相互尊重，說話一定要注意語氣。他能供你差遣，不是因為你生孩子有功，不是因為他欠你的，而是因為他愛你。所以無論如何，你都要可愛一點，總板著臉發號施令怎麼可以呢？

那要怎麼說才可愛？撒嬌啊！示弱啊！充分展現一下「說話的藝術」吧！

老公，我又忘記拿尿布了，幫我拿來好嗎？謝謝你！

老公，我一走路，腰就好痛哦，可以幫我把奶瓶拿來嗎？寶寶餓了。

老公，外面好冷哦，我不想出去，可以請你幫忙倒垃圾嗎？謝謝你！

老公，我真的好累喔，能不能換你顧寶寶讓我睡一下呢？一個小時就好！

你要表達的是「我扛不住了，我需要你」，而不是「這是你的義務，快去做！」

前者會激起男人的保護慾，後者只會引起反彈啊！要讓人家做事，就要好好說話。

你會吵架嗎？

有人可能會說，老娘每天累得暈頭轉向，哪有什麼心情注意口氣，還撒嬌？看他懶惰癌發作的樣子，我就一肚子氣！如果你生氣，那就吵架吧。有了小孩之後，吵架就是必修課啊！很多事情就是吵來吵去才磨合成功的。但是，有的夫妻越吵越甜蜜，有的最後傷感情。所以，就算吵架也不能白吵，每次吵架都是一次溝通，只是過程激烈一點而已。你可以有情緒、可以喊、可以吼、可以哭，但只要你還想繼續過日子，想解決問題，就要避免以下禁忌：

1、不傷害、不羞辱對方

避免人身攻擊，語言其實是最殘酷的武器，傷人於無形，這種話只會讓對方惱羞成怒，最後兩敗俱傷。吵完架後，雙方都只記得當時氣得要死，卻忘了要解決什麼問題，千萬不要做這種傻事。

2、就事論事，不翻舊帳、不無限上綱

我知道翻舊帳和無限上綱宣洩壓力超有效果，也是人的劣根性。就好像開批鬥大會似的，前者羅列罪狀，後者直接宣判，恨不得把老公打倒，再補踹幾腳，過癮！可如果這樣直接定罪，他氣憤之餘，很可能會順著就擺爛——「反正我說不過你，隨妳怎麼說！」這恐怕不是你想要的吧。

3、別讓家中長輩介入

大家是獨立的成年人，就不要搞「找家長告狀／訴苦」那一套，別指望老人家會

主持什麼公道，你婆婆不可能袒護你、你爸媽可能永遠會覺得女婿對你不夠好。本來是兩個人的事情，一旦他們出面，事態只會更嚴重，小事也變成大事了。

4、永遠別提離婚，除非你已深思熟慮

越愛提離婚的人，其實越不想離婚，開這口只不過是一種威脅手段，這無非是想要對方證明他對你的愛。這種事做多了，反而會消磨掉他的感情。而且提離婚也會轉移焦點，具體的矛盾和問題反而沒人關心了，就算鬧得天翻地覆，架也白吵了。

有人要問了：「橙子，這也不能說、那也要避免，那要吵些什麼呢？」

1、說出自己的感受

誠實地告訴對方你正在當下的情緒：傷心、失望、沮喪……等等。你不說，他可能真的不知道。

2、說出自己的期待

你想要對方做些什麼來幫助你，就直說——你如果能夠這樣做，我就不會這麼生氣、這麼難過、這麼累。但請切記，不要指責，也不要拿他與別人比較。

3、辯論以及討價還價

你老公可能會覺得你太敏感、認為你小題大做、你要求的他做不到。那麼，你可以繼續更激烈地表達自己的感受和訴求。雖然很可能吵到最後也沒有什麼結果，但是第一不會傷感情，第二也讓老公知道你的想法，當他理智一些的時候，他會對你有所體諒的。

吵架應該是一種激烈的溝通，而不是互相攻擊和傷害。有孩子的頭一年把能吵的事情都吵一遍，雙方充分了解對方的痛點，之後就能避開彼此的地雷了。從這個意義上來說，吵架是件好事，就看你會不會吵。

老公把孩子罵哭，你要如何化解僵局？

育兒路上，大多時候真的會感覺很孤獨。吸收了很多育兒道理，但往往敵不過一個豬隊友。

那些平時「父愛不動如山」的爸爸，一旦心血來潮，那就會「唯恐天下不亂」，絕對是一場災難——又不了解孩子、又沒經驗不懂作法、遇到小孩不合作不聽話，也不想想原因，就直接兇神惡煞地把孩子罵哭或者揍一頓了事！

老娘我辛辛苦苦地控制情緒，就是要用正向管教，為什麼到了你手裡就直接歸零呢？可是這個當下你幫他科普育兒理論，他多半眼睛一瞪：「你講這些有什麼用？我看他就是欠揍，打完後他就不敢了啦！」若你對他說：「爸媽只會發脾氣，對孩子的心理會產生不好的影響。」他就會回嘴：「我小時候就是被打大的，現在有多糟嗎？」雞同鴨講、對牛彈琴啊！遇到這種隊友，還不如「偽單親」呢！

好喔，雖然真的很生氣，但是千萬別這麼想。孩子的爸只要想參與育兒，就算搞得雞飛狗跳、亂七八糟，也比袖手旁觀強，只不過他一開始難免摸不著門路又急躁，越是這樣，你就越要寬容，多給他機會帶孩子。

如果這個時候搬出育兒道理，就等於在批評他沒耐心、能力差，完全是反效果，他根本也不會承認自己的問題，或者他發現說不過你，惱羞成怒、繼續裝死，你還是得一個人辛苦，變成了雙輸結局。想要得到神隊友，就得先捨得孩子啊！

大家都知道，在孩子面前爸媽的立場要保持一致，爸爸態度再惡劣，他也是小孩的爹，必須要維持他的威嚴，不能當著孩子的面和他唱反調。與此同時，又要安慰小孩受傷的心靈，最好能勸得他合作聽話。這可真是考驗情商的問題！

其實這也不難，面對倔強不合作的人，我們可以演雙簧。英文中也有個經典套路，叫作「壞警察和好警察（bad cop and good cop）」，也有異曲同工之妙。

所以，我們經常在電影裡看到這樣的情節：

審訊剛被逮捕的犯罪嫌疑人，一般會先出現一個扮黑臉的壞警察表現得非常兇，氣勢凌人、瞪大眼睛拍桌子發脾氣，進行各種言語攻擊，最後甚至開始暴力威脅，讓他非常害怕，但是又不服氣，硬撐著不想輸。這時候，白臉好警察上場，把壞警察攔住，讓他先停止動怒，然後轉過來很溫柔地關心嫌疑人，用心安慰、體諒他的處境，理解他的難處，態度暖如春風。這個時候，嫌犯的心理防線就會被突破，再提出要求，他就特別容易答應了。

並不是要把孩子當犯罪嫌疑人審問，而是這種唱雙簧的方式確實很容易讓人卸下心防，輕易釋放委屈情緒、減少對抗。

當然，我們平時用溫柔堅定、正面管教的方法肯定是最好的。但是，當壞警察已經出現時，與其去指責批評拆台唱反調，把簡單的親子衝突搞成全家大亂鬥，還不如你也配合一下，白臉好警察上身。

第一步，安撫隊友，讓他先冷靜，一定要先和他站在同一陣線

哎呀~什麼事啊，把你氣成這樣，說給我聽聽，小孩子不懂事，趕緊坐下喝口水，看我來搞定他！

第二步，溫柔安撫孩子，先別理性說教，與他感同身受

媽媽知道你不是故意的，爸爸太兇了，你很害怕對不對?來，讓媽媽抱抱。想哭

就哭一下吧。

第三步，等孩子穩定情緒後，開始調解

切記，不要批評任何一方，把爸爸對孩子的要求，用親切、和藹、溫柔的態度再表達一遍（哪怕你覺得這個要求對孩子來說太高、不合理，也要說明一下），並且做一些解釋：「爸爸是希望你吃飯的時候坐好不要亂動，這樣你才不會摔下椅子，也不會把飯弄到地上啦，是不是？媽媽知道你有時候會忘記，是不是？那我們儘量提醒一下自己，看看能不能做到。做到的話，你就是個餐桌禮儀很棒的小朋友哦！」

孩子剛受完委屈，看到媽媽用這麼好的態度提出要求的當下，就算心不甘情不願，通常也會努力做給爸爸看，證明自己還是很乖，至少在態度上就會合作了。爸爸看到孩子肯配合，情緒也會舒緩下來。這樣一來，大家都有台階下，完美！

而且在這個過程中，沒有任何一方受到傷害。孩子雖然被吼了感到委屈，但還是受益的，他會知道爸爸發脾氣是不對的，要好好說話，還可以和媽媽學會描述自己的感受，更會明白那些爸爸沒有傳達好的規矩道理。孩子的爸也會瞭解應該如何和孩子好好說話，學到一些安撫的技巧，他即便嘴上不服氣，心裡也得佩服。

狀況化解之後，如果你覺得爸爸的要求不太妥，找個他心情比較好的時機，避開孩子再和他聊聊：

「我知道你是想讓孩子有規矩，不過他現在真的還太小了，你這個要求對他來說是不是有點太高了呢？」當然爸爸很可能不聽勸，覺得自己是合理的，你也可以和他討價還價一下，看看如何拿捏程度直到雙方都能接受，透過兩人不斷的溝通調整，達到最好的效果。而爸爸也會因此被訓練到更瞭解小孩，也越來越願意付出。

每位媽媽都希望自己的老公能是個神隊友，教育老公和教育寶寶一樣，都要有耐心，不能一開始就要求他做得和你一樣好。

我一直都認為，批評是沒有幫助的，無論是對孩子還是大人都是如此。只要你指責對方的能力，就會讓他沒面子，築起防禦之心狡辯，不可能聽進去你說的。你希望他怎麼做，就多示範給他看，久而久之就會了。

願各位媽媽都能成功調教好豬隊友，育兒之路這麼艱辛，不要再互相嫌棄和數落了。彼此互相陪伴鼓勵，才有力量把孩子教育得更好。

借力使力，破解「詐屍式育兒」

最近有個新名詞叫「詐屍式育兒」，這真是近年來我看到最妙的說法。它是說那些不想做事，卻又愛刷存在感的特級豬隊友。在育兒過程中不但不參與，反而在你崩潰的時候跳出來挑毛病、扯後腿，站在一邊說風涼話。

當你滿頭大汗地煮飯，孩子抱著你的大腿，手忙腳亂之際，某人終於看不下去了，從電腦螢幕前抬起頭，涼涼地說一句：「妳兒子（女兒）平時就是被妳寵壞了，黏成這樣？」當你苦口婆心勸孩子多吃點蔬菜，好不容易小孩張嘴了，某人飄來一句：「幹嘛逼他吃？誰小時候愛吃啊？我小時候最討厭吃青菜！」孩子一聽，立即又把嘴巴閉上了。

婚姻生活中，總有很多時刻想讓人掏出機關槍，送另一半上山頭。你這個人，要死請你死透一點，再這麼「詐屍」，老娘真的可以送你一程！說出那些言論的不是別人，正是我親愛的老公。

我現在也可以理解那個男人的心態。最近都由他負責送孩子上學，每天清晨，當我迷迷糊糊地聽見某人鬼吼鬼叫地，把快要遲到的屁孩們吼上車的時候，我也非常想要冷眼叉著腰：「你兇什麼？遲到有那麼重要嗎？下次早點起來不就得了！」然而，我忍住了，忍得很辛苦。

「詐屍」實在太誘人了。我來說、你執行，做得好是我領導得好；做不好是你沒本領。平時就兩手一攤、與你無關，但只要一開口就秒變負責任的好家長。只需要耍耍嘴皮，就刷到了那麼多存在感，在家裡就能像主宰者一般，真是讓人欲罷不能啊！

然而詐屍成癮的人，還有藥醫嗎？當然有啊！其實在我看來，詐屍式比偽單親還真是強了不少。偽單親育兒大都是無法挽救的，因為這個人對家庭缺乏基本的責任感，覺得教小孩和他沒關係。對這種近乎死透的人是不用抱任何希望了。至於詐屍呢，雖然能把人氣死，但這具「屍體」對人間還有留戀，對孩子和家庭還有那麼一些責任感，至少覺得自己應該「參與一下」。只不過這類人也相當聰明（賊）地選擇了一種「最容易」的方式。說幾句話就能達到目的，大爺何必要動手呢？

那麼，如何破解「詐屍式育兒」呢？媽媽們遭遇詐屍，第一反應大多是氣到歪掉，然後跟老公大吵一架，用各種方式來證明自己是對的，證明他就是在瞎搞又無知。總而言之，千言萬語就是一句：「你懂個屁！」雖然你看起來氣勢上是贏了，但根本就是中了他的圈套。

他的目的就是不做事啊，只要各種風涼話說出口，就已經成功刷了存在感。人家「好爸爸」任務已完成，然後你才又說他這辦法不對，沒資格管教，邏輯就變成了「他有更好的辦法，而你不接受」，這就相當於讓他不需要為自己的話負責任了啊！所以，當孩子的爸在詐屍時，千萬要保持理智、不要硬槓，要使出打太極的手段，讓他跳到自己挖的坑裡。

第一步：裝弱，承認自己無能

無論隊友指責你什麼，都先別回嘴，然後演出一副遭到了重大打擊的樣子，心情低落、悶悶不樂。然後，等氣氛合適的時候開始裝弱，最好能擠幾滴眼淚：「嗚嗚嗚～你剛才說得對，我真是個失敗的媽媽，連個孩子都搞不定。就是控制不了自己的情緒，可是我也不想這樣啊，我怎麼這麼差勁啊！」注意，這一切都是演的，不要真的認為自己很瞎。

第二步：求助

一番自責之後，將你絕望的小臉轉向隊友：「你說我該怎麼辦？你能幫我想想辦法嗎？他一哭，我就忍不住去抱；他不吃菜，我就緊張兮兮；他做錯事，我就會生氣。你說我要怎麼做好呢？」

重點是，**求助一定要顯得無比真誠，千萬不要有一絲一毫「看你的好戲」那種嘲諷，要演出絕對真心。**不要覺得這樣有損自己面子，這表面上是求助，實則是讓這男人為自己說的話買單。如果他有自知之明，會馬上知難而退：「不是啦！我就出一張嘴而已！」如果他還沉迷於「當家長」，想繼續強撐，那就太好了，進行第三步。

第三步：丟包

撐場面的某人肯定開始瞎出主意：「你就別管他，讓他哭嘛，哭夠了就安靜了；管他吃不吃菜嘛；做錯事，你就和他講道理，不要那麼兇嘛！」總而言之，都是說的比做的容易的事情。**不管這主意有多爛，你都要先忍住，不要回嘴，一旦吐槽，前功**

盡棄。馬上擺出一副為難樣：「是啦，你說得都對，可是太難了啊！要不然下次再發生這種事，你就把他抱走，或者讓我迴避一下。我眼不見心不煩，就不會失控了，我也不喜歡自己那個樣子！」

現在你把這個責任丟出去，這位神級豬隊友有兩個選擇：

1、裝傻不想管

神豬表示：「別找我，我可不管。」這就是你順水推舟的時候了：「你如果不想管，下次可不可以不要插手，你一這麼說，我就覺得自己很沒用，嗚嗚～」再撒個嬌讓他接受。雖然好像沒讓他掉進坑，但好歹也算是一次有效溝通。下次他再詐，你也有話可說了啊！

2、硬撐接手

要是真的比較在乎小孩，他就一定會硬撐到底。這個時候，你要豁出去，跟他講好，他一詐屍，就把孩子交給他離開。回來的時候，就算發現他真的管得不好，也別多說，確認一下「被孩子搞到崩潰」的眼神即可。不用幾次，這位仁兄就會明白你的苦處，你們很快就會變成同一條戰線上的革命伙伴。

你放心，孩子畢竟是他親生的，就算表現不佳也肯定不會讓小孩變壞，這也需要放手慢慢學嘛！而且，當他開始擔負責任時，心態就會出現微妙的變化，他會想要保持「好爸爸」人設，就會不知不覺地開始在意、焦慮、恐懼。

我家老公就是活生生、血淋淋的案例。只要他下廚，就會比我還在意孩子挑食；只要他盯孩子寫作業，就比我還容易暴躁；只要他陪孩子玩，就比我還容易沒耐心。他也才漸漸明白，帶小孩真的是知易行難，那些廢話就再也不好意思多說了。

家長之所以會出現「詐屍現象」，無非是因為立場不同，看事情的角度不一樣，策略自然也有所差異。一方費盡心思、一方擺爛不理。這種事，吵架真的沒用，**把對方拉到自己的立場去看這個世界，他自然會明白你為什麼會那樣。**

最重要的是，你要給他機會，更要有勇氣放手讓他來處理。如果你捨不得孩子，那就不要抱怨自己被詐了。

婆媳問題總無解，外國人的思維值得參考

很多人都覺得一言難盡的婆媳問題是亞洲家庭獨有的，因為在東方傳統家庭裡，親子關係要大於夫妻關係，婆婆視兒子為精神寄託，媳婦是在跟她搶人，婆媳之間變成了兩個女人爭一個男人的三角關係，自然也就水火不容了。這個推論有一定道理，但並不是根本原因。

為什麼呢？因為就算在夫妻關係大於親子，崇尚獨立的西方先進國家的家庭裡，也一樣有婆媳矛盾，金髮碧眼的小媳婦和老太太一提起 in-law（婆婆或兒媳），也都是一言難盡。

前一陣子，BuzzFeed 網站發起了一個關於「惡婆婆」的吐槽募集活動，響應者排山倒海而來。一條一條讀下來，我發現外國婆婆也各有各的奇葩行為：

我們結婚當天，我婆婆在任何人都不知情的情況下，把我丈夫的前女友邀到現場，還特別提醒他：「你現在重新做選擇還來得及。」

我婆婆來我家住時，上廁所總不關門。當我善意地提醒她後，她居然變本加厲地先在外面脫光，再全裸著進去浴室洗澡，最後一絲不掛地回房間。

當我做千層麵用的是A牌乳酪，而不是B牌時，我婆婆竟然哭了，說因為我放錯了牌子，毀掉了他們家族的歷史和傳統……。

我拜託婆婆幫忙照顧當時還是嬰兒的兒子，結果她直接把孩子帶到了酒吧，還跟大家說那是她的小孩……。

我婆婆過來幫我顧孩子的時候，會順手整理我的內衣褲。

當然，上網發文的都是媳婦。我住美國的時候，認識很多美國老太太，聽到更多的是婆婆對媳婦的吐槽：

有的媳婦從來不下廚，永遠都讓孩子吃外食；

有的媳婦家裡亂到不行，連衛生紙都找不到；

有的媳婦總是穿得很暴露，而且對婆婆說話也不夠尊重；

有的媳婦不會持家，總是入不敷出；
有的媳婦沒有信仰，從來不帶孩子去教堂。

這些雞毛蒜皮的事情很耳熟吧，但這些無非就是生活習慣不同、觀念不合導致的矛盾，甚至也有各種越界問題。

總而言之，婆媳問題是全球性的，兩個女人之間爆發戰爭，原因不一定是為了某個男人，最重要的問題可能只是「她的作法，我就是看不慣」。女人天生特別在意細節，一點小事都會引起心裡不舒服，要兩個同齡的女人在一個屋簷下好好相處都不容易了，更何況是差異那麼大的兩代呢！有婆媳問題實屬正常，沒有才真的是上輩子燒好香。

那麼，外國人的婆媳糾紛有沒有鬧到危及婚姻的程度呢？基本上沒有。即便這個婆婆看媳婦千百個不順眼，巴不得兒子趕緊出軌，甚至不惜大鬧婚禮，但她也沒辦法真的對夫妻雙方的關係造成實質的傷害，基本上是處於無能為力的狀態。為什麼呢？

1、很少長期住在一起

在國外，大多數孩子都會離鄉背井，就算留在出生地工作，年輕人想要個人空間，也會儘量自己買房或者租房子。不過，鑒於大城市房價很貴，也確實見是有小倆口住在父母家裡的，但是他們會把房子重新裝修，儘量把兩家人分開。譬如，分隔出兩套客廳和廚房，子女甚至還要交房租給爸媽，一家人當兩家人過，儘量保持獨立的空間不受打擾。既然平時不太見面，再不合也就是忍一時的事，互看不順眼也不會成為日常事件。

2、小家庭都非常獨立

並不是那種隨便嚷嚷的獨立，而是確實的經濟獨立。成年後的子女和父母之間基本上不會有金錢往來，年輕人沒有贍養老人的義務，老人家也沒有拿錢幫子女買房娶媳婦、帶孩子的義務，經濟上的關係清清楚楚。這看上去好像很冷漠，但實際上，外國的父母和子女之間的親情也是很濃厚的，年節期間也會因為回家團聚而發生交通大堵塞。長輩大都會幫小夫妻照顧小孩，年輕人也會請假去探望爸媽。

這些都是基於情誼，而不是某種依附。小夫妻要出門約會，爸媽會幫忙看顧孫子孫女，孩子太早放學，也會幫忙接送，甚至會把孩子接到自己家中渡過週末。但是那種常年住在子女家中，免費當保姆、做家務的長輩可以說絕無僅有。如果今天爸媽癱在床上失去自理能力，子女會儘量多去探望，但是沒有子女會經年累月在病床旁伺候，都是交由專業機構負責照顧。

所以，外國的小孩並非不愛自己的爸媽，只是他們不覺得「欠父母」，他們會盡其所能地去善待雙親，但是當父母提出過份要求時，他們拒絕起來也會非常理直氣壯，因為彼此之間是對等獨立的關係。

3、國外的老人更懂自我追求

在台灣，如果有哪家的長輩只想享受晚年、到處旅遊，而不願意幫忙帶孫，導致夫妻有一方不得不辭職，我想大概會遭到周圍所有人的數落吧。

而這種在國內會受到批評的行為，卻是國外所有老人的日常。他們就是可以理直氣壯地不幫忙帶孫。在國外，很可能會發生這種情況，夫妻打電話過去說：「媽，這周末我要出差，孩子可以幫我帶兩天嗎？」那邊回答說：「哎呀，親愛的，你怎麼不早說，我已經和瑪麗阿姨約好去參加茶會，不能幫你了。這真是太遺憾了！你需要找其他人了。」

國外的老人，生活重心並不在子女身上，他們有很多事情可以做。我當年住的城鎮比較僻靜，鄰居大多是退休老人，我住了三年，從沒看到幫忙帶孫的人。

有的老人，每天忙著參加各種教會和慈善活動；

有的老人，喜歡手工、木工，家裡掛滿各種手製木品；

有的老人，喜歡種花，家裡種滿了還不夠，社區周圍也種得跟花園似的；

有的老人，喜歡騎自行車，每天全套專業裝備，騎車到山上兜風；

有的老人，喜歡開敞篷車兜風，每次都帶不同的老太太回來？

有一次，好不容易遇到一個幫忙顧孫的老太太，聊了半天，發現根本不是這麼回事，人家是保姆啦！

那麼，不要抱怨自己的婆婆有多機車，而要積極地行動，往以下三方面努力：

1 保持距離，不要住太近，至少不要住在一起。

2 保持家庭經濟獨立，能保有話語權。

3 培養並支持長輩的興趣，讓他們有更豐富的生活重心。譬如：學國標、養寵物、畫畫、園藝⋯等等。

這些都有助改善婆媳關係。

當然，如果你更喜歡傳統大家庭，老人帶孩子、家事你包辦，那你就得忍受各種價值差異、個人習慣、教養方式帶來的矛盾。

婆媳問題是世界難題，永遠存在不會消失。只不過當我們擁有更現代、更獨立的家庭關係之際，婆媳之間就算有天大的矛盾，好像也沒有那麼重要了。

第5章

放下焦慮，做有自信的媽媽

過於重視或忽視孩子的感覺，本質上都是對他們的一種傷害。讓孩子保持開心，並不是父母的職責。

懂得適當漠視「愧疚感」，不做完美媽媽

「我不是個好媽媽」，這應該是我文章留言中出現頻率最高的一句話。忍不住兇寶寶了、不小心讓他生病或者受傷了、讓他玩了手機還看電視、我要上班，不能在家陪他。甚至看到我上傳毛頭的影片，一堆媽媽竟然開始愧疚自己沒幫子女錄影？這年頭媽媽的壓力是不是太大了，也太容易感到愧疚了吧？

愧疚是什麼樣的情緒

愧疚是一種想要為別人的不愉快和痛苦負責的感情傾向，覺得一切糟糕的源頭都是自己做得不夠好而導致的。這種情緒經常會隱藏在內心，很難表達，卻會感到異常難過，甚至痛苦。

有的時候，這種情緒會非常強烈，從單純的「愧疚感」演變成「自我定罪」，哪怕事過境遷，依然不肯原諒自己，也可能導致憂鬱。很多有產後憂鬱症的媽媽，經常將「我就是做不好」掛在嘴邊，原因僅僅是自己沒有母乳、無法親餵。

因為孩子是這個世界上最麻煩的一種小生物，各種問題層出不窮，又特別容易大哭大鬧，作為這些問題的主要負責人，媽媽們通常都會產生愧疚感。（題外話，當爸的就沒這種問題，往往自我感覺良好。如果有問題，那一定是別人造成的，莫名的自信。）可能你覺得既然自己沒做好，就應該反省深思。但事實是，這種情緒過於泛濫，對你沒有任何好處。

警惕愧疚感

愧疚感其實和憤怒一樣，是一種不該被放縱的負面情緒。日常中有一些暫時性的情緒倒也無妨，但是如果經常陷入其中不能自拔，總覺得自己對不起孩子，你的狀態就只會變得更糟糕，這無法解決未來的問題。姑且不論「孩子生病」、「不能親餵」、「剖腹產」、「發生意外」⋯等，這些無法改變的事情，你的愧疚感並不能讓你穿越時空改變歷史，你的情緒只會更陷入迴圈，完全走不出來，就像心裡扎了根刺，動不動就痛，影響你接下來的生活。

愧疚感對於對那些你覺得可以改進的問題也是無濟於事，而且會讓問題一直持續。習慣吼叫打罵的父母，事後大都會有強烈的愧疚感，但是這種情緒並不會讓他們下次就住口或收手，很可能會吼得更兇、打得更重。

經常疏於陪伴孩子的爸媽，也往往會有很深的愧疚感，但也不妨礙他們明天繼續滑著手機不放。

當著孩子的面吵架的雙親，回頭可能愧疚得抱著孩子哭，但是下次依然不會注意時間和場合，依究不會控制言行態度。

我們下意識地覺得，會愧疚的人總比不懂反省的人來得好，甚至會認為透過自責，才能逼自己改善。但事實不是這樣的，愧疚感經常泛濫爆棚的人，生活就越糟糕。真正把孩子養得健康活潑，並且家庭生活和諧幸福的人，反而是那些看起來粗心大意、得過且過的人。譬如，像我這樣的人，老公經常感嘆說：「你怎麼可以如此樂天？好羨慕。」

為什麼會有愧疚感

產生愧疚感的根源是無法接納不太完美的自己。這可能和你的成長過程有關，有些人因為從小得不到父母的認同，長大之後尤其不懂得接納自己，自我要求完美，特別愛鑽牛角尖、死心眼。

問題是，沒有人是完美的。如果你跟自己犯的每一個錯都過不去，那就徹底在跟自己過不去。孩子身上不受控的狀況無敵多，稱得上是完美媽媽的照妖鏡。無法接受自己導致愧疚，進而產生害怕重蹈覆轍的焦慮，結果更無法如你所願，然後無限惡性循環。接下來，這樣的思維會繼續擴展，間接影響到你的小孩，他就這樣步入你的後塵。不幸福就是這麼代代遺傳的。要如何能跳出這個惡性循環呢？

同情自己和饒恕自己

要說西方人在這方面有個很妙的傳統，就是向上帝告解。懺悔人跟神父說：「神啊，我有罪。」然後把自己的過錯統統說一遍。然後神父說：「神赦免你的罪。」懺悔人就真的像蒙主恩賜了一樣，快快樂樂、毫無負擔地走出了告解室。小時候看到電影裡的這情節就很不懂，這是什麼神啊，怎麼犯了什麼錯都可以饒恕呢？

其實，告解和心理輔導有異曲同工之妙，就是用某些方式讓那些和自己過不去的人開始同情、饒恕自己，最後接納並與不完美的自己和解，用更好的心態去面對接下來的生活。神都饒恕你了，你還有什麼不能放過自己的呢？想一下，你的一個朋友犯了個錯，痛苦地向你訴說，你卻不斷批評他，還妄想著他會變得更好嗎？肯定不會。如果你是個體貼愛護他的人，那你一定會看到他的內心，他依然是個好人，你會理解他的感受，提出意見並安慰他：「過去的就讓它過去吧！」讓他有勇氣繼續前行。

你知道如何安慰朋友，現在你要學會用同樣的方式來安慰自己。嘗試去理解、抱抱受傷的自己，最後接受。這不是要我們逃避責任，而是讓我們正視現實，進而獲得改善的動力和勇氣。一個容易愧疚和自責的人是做不好事情的，因為他會非常害怕再次犯錯。

然而，你在讓自己變好的路上，是不可能零缺失的。如果你一味畫地自限就會特別容易找藉口，停留在原地，根本不可能變得更好。請記住，你很重要，更值得被理解、被愛。請對自己充滿善意，適時的跳脫情緒，過去就讓它過去，做自己的神，寬恕自我吧。

好媽媽不等於完美

不可否認，國內的輿論環境真的非常不好。無論是媒體還是個人，都特別喜歡用「偉大的母愛」來道德綁架所有媽媽，好像不犧牲就是不負責任一樣。

而現實狀況是，媽媽也會出錯、會疲憊、會軟弱，會有各種不得已的苦衷。奶量永遠夠多、心情永遠美麗、說話絕對得體、既能整天陪小孩又會賺錢、把孩子養得白白胖胖的母親，在這個世界上是不可能存在的，做到其中任何一條都非常難。

誰家不是雞飛狗跳、亂七八糟，邊做邊學呢?只不過你看到的，永遠都是別人光鮮亮麗的一面，背後那些心酸的事情，怎麼會表現出來?

豈能盡如人意，但求無愧我心。

只要你努力付出了愛，就算過程中錯誤百出、不夠完美，你永遠都是好媽媽，是世界上最好的媽媽。**請永遠都不要對自己說「我不是個好媽媽」！**

「讓孩子高興症候群」是種病，得治！

曾經寫過一篇文章，教家長們怎樣幫寶寶把牙齒徹底刷乾淨，需要先把他撂倒、扒開嘴巴、把牙齒的每一側好好地刷乾淨。

留言中一片哭天搶地，說這怎麼可能！有夠難，小孩不配合啊，一看到牙刷就哭！這也就算了，最讓人心寒的是我還被一些讀者義正詞嚴地教訓了，說我的做法不妥當，會造成寶寶的陰影。還教我應該要慢慢引導，讓孩子在愉悅中培養對刷牙的興趣，最後自動自發地刷牙。

「讓孩子高興症候群」是好發在新生代家長身上的症狀啊！這是「無法接受小孩不開心」的父母特有的教育風格。

有這種症候群的爸媽，覺得孩子開心快樂才是正常的，一旦他難過、沮喪、挫敗或者反抗…等，開始有負面情緒和行為，他們就會自責，覺得是自己或者家人不夠盡善盡美。

他們會在教育孩子的過程中如履薄冰，生怕自己的反應不當，讓小孩產生陰影，影響他的終身幸福。他們會由衷希望尋求最符合兒童心理的方式，讓孩子不必受任何委屈、不哭不鬧地斷奶、高高興興地進幼稚園、沒有脾氣地面對衝突和挫敗。他們經常說：「凡事尊重孩子的意見，不要強迫他做不想做的事情，孩子值得被世界溫柔對待。」聽起來好像無從反駁。

然而，這種父母容易感到挫敗，因為他們無法控制孩子的失控情緒與行為，並且對孩子一再妥協；時不時懷疑自己的教育能力，因為他們永遠拿孩子的固執和壞脾氣毫無辦法。於是，他們可能出現這樣的疑惑：

寶貝想要什麼東西就必須弄到手，要不然就大哭大鬧怎麼辦？

寶貝不喜歡換尿布，硬幫他換就大哭大鬧怎麼辦？

寶貝總是做危險的事情，不順著他就死賴著不動怎麼辦？

說了這麼多，你有沒有中槍呢？

可能是因為我們這一代的爸媽教育觀念非常傳統，所以成長過程中留下了很多不愉快的記憶，因此我們會對自己的下一代格外疼惜和愛護。但是，很多時候我們卻也容易走向另外一個極端。

過於重視或忽視孩子的感受，本質上都是對一種傷害。沒有人能夠始終開心，父母的職責也不是取悅子女。

事實上，你也不可能做到這一點。相反的是，你會發現，你越想滿足他，他可能會越來越不開心。除了快樂，人類還有很多其他情感，恐懼、沮喪、憤怒、難過⋯等等。這些情緒其實沒有對錯，都是我們的一部分。我們有責任讓孩子從小就充分感受，並且學會應對這些情緒。**如果你總想讓孩子保持快樂，你就是在剝奪他學習自我安慰的權利！**

孩子需要懂得聽從父母或者長輩的指導，學習與他人交往、適應新的環境、瞭解這個世界的生存規則。在這個過程中，他們自然會遭遇各種挫敗和委屈，他們會哭鬧、會尖叫、會反抗也會發洩，但是最終得以熟悉這些情緒，並且從容駕馭。

能夠積極面對、合理處理自己的情緒，叫作高EQ。所以，你大可以把孩子撂倒，按住刷牙、換尿布、打預防針，讓他知道有些事情必須要做，哪怕你不願意，也一樣要忍耐。讓他知道，這個世界有界限，有些東西你不能碰，再鬧也沒有用。你也有權利和義務去阻止他出手打人、搶東西等暴力行為，讓他知道要遵守規則，你的開心不能建立在別人的痛苦上。

他會難過、不甘心、哭鬧，你可以擁抱他、安慰他，但是你沒有讓他「開心起來」的義務，這件事他得自己學習。

孩子雖然稚嫩，但並不脆弱，他們不會因為事與願違就產生陰影。反而經常應付日常生活中普遍存在的煩躁、無聊、失望和挑戰，會讓他們的心靈越來越堅強。

在這個過程中，爸媽需要做的就是陪伴。當孩子陷入負面情緒的時候，告訴他，你能體會他的感受，想哭就哭沒關係，如果需要擁抱，媽媽就在這裡。情緒適應力就是這樣點滴建立起來。能力強的孩子，才更容易快樂。

真實的人生就是這樣，大多數事情都是我們不喜歡的，只不過多多少少都要強迫自己一下。孩子也是一樣，他有自己的成長任務，很多不快樂的事情必須要去面對。與其花心思讓他快樂起來，不如想辦法讓他擁有適應不快樂的能力。

經歷很多不如人意是成長的必修課，你不可以讓孩子翹掉這堂課！

管教孩子的四層境界

小朋友一、兩歲時，正是建立制度規矩的時候，當他們逾矩時，爸媽的管教方式非常重要。因為孩子會根據你們的反饋來調整自己的行為，進而發展出一套適應環境的模式。相對於放縱溺愛沒有作為的父母，能察覺且做到這點的爸媽都是有負責任感的。但是，不同的教育方式有高下之分，我覺得可以分為四個等級：

四等父母：動粗教訓

一言不合就動手，棍子下出孝子。讓孩子從內心徹底恐懼自己、害怕自己，進而聽話。這種教育我不多說了，在國外這叫犯罪！

三等父母：情緒勒索

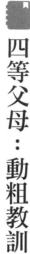

雖然不打孩子，但是孩子一做錯事就火冒三丈。愛之深責之切，父母有情緒也不是不可以，但是如果你把破口大罵、拍桌子叫囂⋯等，宣洩情緒當作教育孩子的唯一方式，就非常有問題。

因為孩子比較弱小，大人的庇護對他來說就是天，所以對大人的情緒非常敏感，一旦你發脾氣，他就會陷入恐慌，為了安撫你的情緒，他可能什麼都願意做，這也是發脾氣管教一開始會非常有用的原因。但是，隨著時間的推移，你會發現這招越來越不管用，因為孩子會對你的行為產生「抗藥性」，他會發現，爸媽耍狠雖然嚇人，但其實也不會把我怎麼樣。瞭解這一點之後，孩子會搬出兩個策略：

1左耳進、右耳出：你罵你的，我就當沒聽到。

2消解父母的情緒：順你的毛摸，你怎樣開心他怎麼做。

說到底，情緒管教是不對的，因為他會把重心放在應對父母這方面，而對自己做錯事情完全沒有反省。

用這種方式，孩子短期會害怕聽話，但是長期下來不是變得冷漠封閉，就是油嘴滑舌、嬉皮笑臉。沒有一個孩子會因為父母容易生氣發怒而變得舉止得體。

總而言之，用情緒管教最大問題就是實行「人治」，而不是「法治」。是人就有弱點、會鬆懈，若只懂得把「人」搞定，那麼行為問題就無解了。

二等父母：適度懲罰

那麼，不實行人治，而實行法治呢？建立規矩，保持原則，孩子犯錯了，就讓他承受不堪的後果——打手心、罰站、禁足、取消看電視和買玩具⋯等各種福利，形成條件反射，讓他下次不敢再犯。這種方式要比用情緒管教強一些，會長期有效，因為適當的懲罰不太會讓孩子產生「抗藥性」，他會因為討厭被罰而控制自己的行為，慢慢就變成了習慣。很多家教甚嚴的家庭都是這樣。

但是，這麼管教孩子還是會讓他覺得不安及不被愛，如果實行次數過多，會造成孩子很大的壓力，產生副作用。面對懲罰，個性比較強的孩子會憤怒，甚至會找機會報復，長大還會有強烈的叛逆心理，因為破壞規矩有快感；個性比較弱的那個就會變得膽小自卑。更重要的是，由於各種規矩都是父母定的，孩子都是被動地去遵守，沒有主動性，一旦家裡沒大人，就無法自我管理。

所以，懲罰的方式雖然有效，但如果作為唯一的管教方式，也是不好的。

一等父母：正向教養

《正向教養》是一本著名的育兒書，最廣為人知的「溫柔且堅定」原則就出自於此。孩子做錯事情，態度一定要溫和友好，至少不能發脾氣，等雙方都比較冷靜之後，再讓孩子去承擔相應的後果。

舉個例子，孩子打了你，你很生氣，他可能也有點害怕。這個時候，不要發脾氣、不要理孩子，先到旁邊冷靜一下，心平氣和之後，再回來用比較嚴肅的語氣溝通：「你剛才打了媽媽，媽媽真的非常痛，你覺得這樣做對嗎？」

這個時候，如果他也平復下來了，是會承認自己的錯誤的。然後，你可以要求他說對不起，表達歉意。

在你原諒之後，再細問並幫他分析原因，教他如何不動手也能表達自己的想法，和他約定好，下次再出現同樣的情況，要有什麼樣的懲罰，並且記錄下來。注意，這個時候訂下的懲罰措施是你們共同商量的結果，而不是父母單方面的決定，所以當他再犯，實行這樣的懲罰就不會造成副作用。

當然，如果可以的話，儘量讓孩子承受自然的結果。譬如，不吃飯你就讓他餓；

不多穿衣服，那就吹風吧。**孩子會根據自然的結果，自動自發地約束自己，這比用任何懲罰、威脅或逼迫都有效。**

當你發現孩子難教的時候，別怪他調皮，要先檢討自己的行為方式。教養是一門學問，無法讓孩子像風箏一樣放飛，又不能讓他受到傷害，態度要軟、心腸要硬。雖然我們可能沒辦法做到完美，但這並不妨礙我們想成為更好的父母啊！

金錢和陪伴，哪個對孩子來說更重要？

經常有新手媽咪來問我：「橙子，我家經濟狀況不是很好，但是我真的很受不了老人家帶小孩的方式，我到底要不要辭職當全職媽媽？」我的回答一般是這樣的：「這個問題要問你自己的內心，是當職業婦女更快樂，還是全職媽媽呢？無論選擇哪一個，只要你不會後悔，就是正確的選擇！」

這個回答無懈可擊，但肯定不能消除所有人的糾結——並不是每一個媽媽都知道自己到底要什麼。就算我有過七年家庭主婦經歷和四年創業生涯，我至今也無法判斷到底哪種身份讓我更快樂，因為各有各的不同之處啊。

事實上，**很多媽媽並不在意自己開不開心，更多的是在意自己會不會後悔。如果因為追求個人目標而耽誤了孩子的成長，當母親的自然是無法原諒自己。**

那麼，問題來了：對孩子來說，陪伴更重要，還是家中經濟狀況呢？

如果你在我當全職主婦那幾年問我這個問題，我一定會回答你陪伴更重要。事實就證明了，親手帶大的孩子就是這麼棒：作息和飲食都健康、習慣規矩到位、禮貌討喜又機靈、和媽媽感情非常深厚，雖然吃的用的都是便宜貨，卻是快樂滿足又自信有愛的個體。這個結果，花錢做得到嗎？

所以，選擇全心陪伴寶貝成長是對的，小孩有全職媽媽帶大，真的是最幸福的事了！我一度非常不理解那些說沒錢就不要生小孩的人，養個孩子也花不了多少錢吧，足夠的愛和陪伴就是孩子所需要的一切！我一度認為我悟出了真諦，就像我曾經認為婚姻的真諦就是「相愛」一樣，也不能說不對，但角度確實過於片面。

人性就是這樣，只要屁股坐在那張板凳上，就會不停地尋找各種證據說服自己，這張不是最好的。當在機緣巧合之下換了張新的之後，看事物的角度不一樣了，想法自然也會所有不同。

自從我逐漸開始有穩定的收入，漸漸有了不錯的存款，我就開始無法抑制地想花錢在小孩身上，並且絕不心疼——因為我的寶貝們值得擁有更好的物質享受！

有錢能夠讓他們上更好的學校、參加更多元的課外活動、享受更好的生活和遊戲空間，還可以換來父母更多的耐心及包容的心態：衣服髒了、東西壞了就丟，沒關係呀，以後多注意就好；花太多錢買玩具、文具用品消耗太快，沒關係呀，你有學到東西就好；想要去學體育、藝術、追求興趣，沒問題啊，孩子有夢就要追，爸爸媽媽支持你！

育兒界總是鄙視物質上的富養，認為精神上的才是最真切！千萬別誤會了，無論什麼層面都是燒錢的養法。

物質上的富養只是把錢砸在孩子身上，而精神上則是砸錢去改變孩子身邊的環境，是說砸環境更貴，好嗎！孟母為了孩子三遷是很感動人，可是搬家有多花錢你不知道嗎？還搬三次！

現在再回想自己當年那精打細算的陪伴：帶他們去公園、博物館玩，要算準在停車費最優惠的時段；去參加園遊會，卻捨不得買每個小孩都愛吃的零嘴和紀念品；幼稚園不看什麼教育理念，便宜至上；學期間只要是費用超過三百塊的親子活動，統統不參加。雖然當時的我這麼做並沒有錯，**但是不得不承認，陪伴不能解決孩子成長中的所有事情。**

而且，陪伴也沒有我當初想的那麼重要，也沒必要花這麼多時間。事實證明，就算少陪他們一些，也不會改變太多。因為我工作太忙，果果在一歲半的時候讓奶奶帶了很長時間，後來奶奶走了，只好早早就送去幼稚園，並沒有得到像哥哥小時候那麼細心周到的陪伴相處，但現在不也一樣聰明伶俐、習慣好、懂規矩，和我也很親密，看不出和哥哥有什麼區別。

人的成長過程就是不斷打臉，我從前一直覺得養小孩只要用愛陪伴就足夠了，錢什麼的都是焦慮導致的浮雲。然而，有錢富養之後，我才發現，嗯……真棒！

正因為我對職業婦女及全職媽媽好像都很了解，所以我一度在如何取捨經濟狀況與孩子的陪伴上感到更加迷茫，感覺無論是哪一部份給得不足都會愧疚。直到有一天，我想起幼時讀過的一個故事：

國王問阿凡提，財富和美德擺在你面前，你選擇哪一個？阿凡提毫不猶豫地說：「我當然選擇財富。」國王就笑他說：「你居然是如此貪財的人，如果是我，肯定選擇美德。」阿凡提笑了：「當然了，人嘛，總是越缺什麼才越需要什麼，我已有足夠的美德了，所以不需要。但是我窮啊，選擇財富是正確的；而你雖然夠富有，但卻缺德，自然會這麼選擇啦。」

故事看上去只是阿凡提耍機靈羞辱國王，但是仔細想想，你會發現這個故事其實蘊含著一個非常深刻的人生悖論：

一個人擁有最多的那樣東西，反而是他最不需要的；而他最需要最渴望得到的，正巧是他最缺乏的。

這樣一個悖論印證在孩子身上，就會讓當父母的永遠無所適從：如果小孩已經擁有很多陪伴了，那他現在就反而特別需要金錢帶來的實質生活。簡單來說，結論就是：那些貪心的小孩總是不會滿意你做的選擇，永遠希望能擁有全部，所以你給什麼都可能是錯的（當然，如果你都能給得起，那是例外）。

對孩子的成長而言，到底家中經濟重要，還是陪伴更重要？有的人會從年齡上著眼：「越年幼的孩子越需要陪伴，因為他還感受不到金錢帶來的影響；而年紀較大的小孩，才越需要金錢帶來的改變，因為他會越來越獨立，家長的陪伴反而讓他覺得煩。」但這只是表象，事實是，在年紀越輕的孩子身上進行教育投資，收到的效益越大；處在青春期的孩子，如果得不到陪伴關心，就會叛逆憤怒、行為走偏。

並沒有什麼時期的孩子只需要陪伴或者物質，一旦你在這兩者之間做出了選擇，

你就錯了。

當你拚命賺錢，並且將大把大把的鈔票砸在孩子身上，讓他感到習以為常的時候，孩子也可能根本不領情，他只會委屈地抱著你號啕大哭：「我不要那些，我只要你們天天陪我！」但如果你這個時候心軟了，真的轉而全心陪伴，他長大之後，與其他朋友開始有了比較，可能也會回頭埋怨你：「為什麼人家都有我沒有？為什麼我們家沒辦法像他們一樣？我為什麼要比別人還辛苦？」

總而言之，無論你怎麼選，都可能換來他的怨言，你都可能感到愧疚。所以，既然小兔崽子永遠都不會滿意，那你還有什麼好糾結的呢？失去自我，以他人的需求為中心就是要永遠患得患失，就算對象是你親生的又怎樣。

做你想要做的，告訴孩子媽媽愛你，陪在你身邊是愛你，上班賺錢也是愛你，你現在可能會不滿，但終究有一天你能體會的！

你愛孩子有多深，嫌棄他們就有多真

「母愛」是一種多麼偉大而神奇的力量，相信大家都很瞭解。即便你在當媽之前發誓，絕不為了孩子犧牲自己、失去自我，只是通常都是說得比唱得好聽。只要你本能還在，必然會母愛上身。這個時候，無論你多努力都是徒勞，就算不是失去全部自我，我想也肯定開始迷失了。

你的生活狀態會急轉直下，整天忙碌、沒有娛樂、不再自由、體態走樣，甚至連睡一個香甜的覺都很奢侈。但是，再苦再累，當看到懷中那個小寶貝的笑臉時，你就會覺得一切都是值得的。從這個角度來看，母愛比號稱愛得要死要活的男女之情更讓人走火入魔。

想像一下，無論多麼令人神魂顛倒的男神，如果生活不能自理、必須二十四小時不停地照顧他、震耳欲聾的打呼聲讓你很想死，我想你撐不到一個月，對他的愛就所剩無幾了吧。但是，母愛好像完全沒有這種被磨損的問題，寶貝的成長總是能治癒媽媽所有的疲憊，即便歲月更迭，母愛依然會一如往昔地純粹。

如果沒有意外，媽媽的愛會濃烈地持續一輩子。身為一個母親，我從來不想去否認母愛的熾烈，但是我也越來越強烈地意識到，媽媽對孩子的感情其實不單是這份愛，它其實是很複雜的綜合體，但是因為母愛過於被強調，有的時候，我們甚至不願意承認自己對孩子有另外一種與生俱來的強烈情感——嫌棄。這種情感有點陰暗，你可能會為此感到羞愧，但是你卻不能否認它的存在。在養育孩子的過程中，壓抑住內心對孩子的嫌棄簡直是一種日常行為：

當害羞或者害怕的孩子，緊緊抱著你的大腿，死都不放時；
當想要討抱撒嬌的孩子，在你懷中卻一刻不停地扭動時；
當調皮搗蛋的孩子，又把你好不容易整理好的房間弄亂時；
當心理脆弱的孩子，因為一點點小事又開始高分貝尖叫和大哭時；
當進入語言期的孩子，對你展開了十萬個為什麼、無止盡地碟碟不休時⋯⋯

哪怕你非常理解他當下的行為，卻也無法擺脫那股厭惡、煩躁又有些許無奈摻雜在一起的惱人情緒。永遠溫柔耐心的媽媽只存在電視劇裡，現實生活中的媽媽，誰的內心深處沒有萌生過這種嫌棄厭惡的咆哮呢——我當初為什麼要生他啦！

又愛又嫌棄，才是真實世界中的親子關係，就是這麼矛盾和尷尬！

產後的頭兩年，我會為這種時不時冒出來的「嫌棄感」而感到內疚和自責：「孩子還小不懂事，我應該更有耐心地包容，可是我卻竟然有這種念頭，我真的適合當媽媽嗎？」但多年後，我卻逐漸釋懷了。

因為我發現這種感覺並非只帶來負面作用，其實也非常具有積極意義。原子之間有兩種力，一種是引力、一種是斥力。離得太遠，引力會超過斥力；靠得太近，斥力則會高於引力。這兩種作用力讓原子之間維持一種相對穩定的狀態。

保留地付出，保護孩子；而嫌棄則是反向的斥力，它會把孩子從我們身邊推遠，讓我們情不自禁地略微鬆手，能喘氣歇息，也讓孩子有機會走向自主和獨立。

所以，會有「嫌棄感」並不是不愛孩子了，而是說明你和孩子之間過於緊密了，你的心理承受不了了，情緒發出了警報，讓你把孩子推遠一點，好讓親子之間的距離維持在一種雙方都能接受的穩定狀態。

當你陪孩子睡覺，心生厭煩時，就是該讓他分床、分房睡了；
當你餵孩子吃飯，餵得想揍他時，就是該讓他自己吃飯了；
當你陪孩子玩，內心煩躁無比時，就是該讓他學著自己玩了；
當你帶孩子，滿心嫌棄時，嗯，就是該送他去托兒所或提早上幼稚園了。

然後，當你與他的距離拉遠了一些，嫌棄帶來的斥力就減少了，你心中的母愛開始回充，親子關係就重新變得穩定。

但是，這種穩定感並非一成不變的，而是多樣化的。你會發現，隨著孩子越長越大，你內心的厭惡感會越深，然後進入新的不穩定階段，直到距離再被拉開為止。

嫌棄帶來的斥力就是這樣，讓你不由自主地把孩子往外推，直到孩子隨著年齡的增長直到完全獨立。這個過程並非人類獨有，不論是家中的毛孩、老虎、獅子這些動物，隨著小寶寶的成長，態度也產生轉變。一開始會呵護舔毛，展現慈愛之情，過了一段時間，寶寶一過來討奶喝，媽媽起身離去也是常見。當小毛孩足夠成熟的時候，媽媽甚至會齜牙咧嘴地把牠驅逐出自己的領地。從這個角度來看，這股嫌棄感是多麼健康而自然啊！可以說和母愛一樣，是進化過程中產生的、有積極意義的情感。

雞湯文總是寫得很動人：「母愛不是恆久的占有，而是得體的放手。要在孩子年幼時給予強烈的關愛，並且在他長大後忍住失落，注視著他的背影在路口轉彎處消失，不必追上前。」這說得好像當媽的很心酸，付出一場，最後還得忍痛含淚把孩子送走。

在我看來，所謂「得體的放手」，根本沒有那麼悲情，只不過是再自然不過的生命過程。只要你能正視和審視心中那時不時就蠢蠢欲動的「嫌棄感」，遵從內心的呼喚，用合適的方式把孩子推到你覺得舒服的距離，一切成長和分離都只不過是水到渠成。

母愛帶來的引力從來都不會減弱或者消失，只不過嫌棄感在逐年增加而已啊！愛總是愛著的，第一次感受到孩子即將離開你的羽翼下，失落感絕對難以言喻。但是，嫌棄感終究會讓你成為一個在開學季歡呼雀躍的「壞媽媽」。

付出，讓你更強大！

橙子在寫第4章的《老公把孩子罵哭，你要如何化解僵局？》這一篇時，談了一下怎樣發揮高EQ，挖洞給沒耐心的隊友跳，順便調教他，示範如何用正確的方式對待孩子，讓他慢慢步入軌道。但是，和姐妹們聊起這個話題的時候，很多媽媽都會覺得：「為什麼這種角色總是我？」

我為了能好好地教寶貝，主動看書學習，但孩子他爸卻沒把這事放在心上，弄哭小孩後，我還要費心照顧老公的情緒，還要訓練他…自己養兒子不夠，居然還要幫婆婆養，憑什麼？

豈止是這方面的問題，在整個育兒過程中，當媽媽的「不平衡感」爆棚的時刻，我們都再熟悉不過了：

憑什麼女人要吃那麼多苦，懷胎十月、辛苦管教的都是我，而男人爽一下就有人叫爸爸？

憑什麼女人要在家庭和事業之間做出艱難抉擇，而男人賺錢回家就算負責？憑什麼女人要做到家事、顧孩面面俱到，而男人笨手笨腳就理當自然？

總而言之，男人婚後有人照顧，又有人幫他生養後代。女人則一直被家務、孩子、老公拖累，簡直虧大了！真的是越想越不平衡啊！正因為我一直對這種「不公平」的感觸很深，所以我也曾經寫過吐槽文章，痛斥這個正在從傳統向現代轉型的時代，對女性的多重標準要求和責備。可是這兩年，我卻有了一種新的角度來看這個問題：

我們女性在家庭裡所負擔的責任確實要男人來得重大。但是正因為如此，也讓我們變得更強大了。在家庭和社會中更加有地位和力量了不是嗎？生活永遠不會虧待勤奮認真的人，你每多操心勞累一分，你的能力就增長一分，你在家庭和社會上的話語權和掌控感就多一分。

你在孩子身上所費的心力越多，你越懂如何帶小孩，他自然和你越親密，你在育兒方面的主導權就越多，面對反駁你更能理直氣壯地說：「他是我一手帶大的，你懂個屁！」當然，如果你不想吵架，也可以自信地翻三百個白眼給他。家務事你打理得越多就越賢慧上手，所有相關的事情，可以是你說了算：「今天就吃這個，因為老娘愛吃，你不吃就拉倒！」

你越是努力工作，你的能力越強，就能有更好的收入，你對整個家庭的消費行為就越有能力來支配：「老娘工作這麼辛苦，想渡個假、想買個包、想吃頓好的犒賞一下自己，要你同意？」你越用心去經營夫妻關係，你的情商越高、越善於溝通，你對這段關係的把握度就越好，老公就越容易被你吃得死死的，鬼使神差地願意聽話，到頭來受益的還是你呀！

是的，你是付出更多、更累，但這絕不會是做白工啊，你會是收獲最多的那個人！老公也只是蹭個熱度、沾點光而已，你才是帶著光環的主角。如果你不想那麼辛苦，隨便應付，得過且過，也容易得很，但你也無法控制事情的走向。如果你不用心管教小孩，他跟你感情不好、不聽話、不按你的規矩來，你是一點辦法都沒有的。如果你不做家事，那每餐吃什麼、衛不衛生、健不健康、家裡環境是不是整齊，你都沒有資格吐槽。如果你不賺錢，那所有決定權都在有經濟能力的一方手上。如果你也不努力維繫夫妻感情，那麼在婚姻裡，你永遠屬於被動的一方，這段感情的走向你也只能聽天由命。

正所謂「尊嚴來自實力」，你所經歷的都會讓你變得更強大，努力付出了，就怎麼也不吃虧！雖然你在這個家裡更累一些，但是你卻能從中培養出各種能力——育兒能力、打理家務的能力、賺錢能力、溝通能力⋯等等——全都是你自己的，這會不離不棄地跟隨你一輩子啊！

你承受得越多，掌控得越多，更可以按照自己的想法去生活。就算你真的對這段婚姻失望，想要放棄，這些力量也會讓你有更好的機會展開新的生活，不是嗎？

家庭和社會也許對女性很不公平，但是生活永遠會以各種形式公平回報那些努力付出的人。

我知道很多女生都羨慕北歐發達國家地位高的婦女，女人無論是在家帶孩子，還是在外忙事業，都能受到社會和家庭的充分支持和尊重。可是，那些國家的婦女地位高，是經歷了多少次婦女抗爭，最終寫在法律規範中，寫進了傳統和政治正確裡了，而台灣確實仍然較為落後。那身為台灣的女性想要有地位怎麼辦？當然是靠自己的雙手和智慧去爭取啊！

當然這個社會對女人的要求過多，我們也不必樣樣完美，選那些你自己認為最重要、最適合你的事情去努力就好。如果能力強，就多付出一點。反之，一定要心甘情願，付出了有沒有收穫別太計較，因為你一定會有所成長。

怕就怕你因為覺得不平衡、不甘心，總想和老公爭個對錯輸贏，凡事都要問個「憑什麼」、爭「公不公平」，最後你贏了又怎麼樣呢？輸掉了整個家庭的利益、輸掉了你變得更好的可能性、更可能輸掉了兩個人的感情。

家庭裡，憑什麼女人總要付出更多？因為團隊合作不同於競爭，本來就沒有什麼公平可言。一個家庭就是一個團隊，分工是否公平並不是最重要的，重要的是能力強的人能充分發揮，能力差的可以藉此成長、持續進步、再轉而協助，這樣整個團隊才能進入良性循環，越來越有效率。

所以，優等生的我們就不要嫌棄這些資質欠佳的隊友啦，不如鞭策訓練，讓他們儘快上緊發條，往神隊友邁進吧！

當快樂的媽媽，找回你的社交生活

當媽之後，你會常常感到孤獨嗎？

雖然家中時常吵吵鬧鬧，讓你根本閒不下來，你甚至無法意識到這份孤獨，但是我知道，在深夜好不容易哄睡了孩子，自己卻捨不得入睡；當你把孩子關在門外，享受難能可貴的平靜片刻；當你在孩子偶爾發呆不理你的幾分鐘內，獲得短暫放空之際。內心那種空蕩蕩的感覺你一定體驗過很多次吧。

那年，毛頭九個月大，因為老公換了新工作，我們舉家搬遷到美國的新罕布夏州（State of New Hampshire）。安頓好不久，我在經常瀏覽的母嬰論壇上，發文表示這個地方太不方便了，沒有賣台灣物資的小店也就罷了，連張台灣臉孔都沒有，由於文章無意中透露了城市的名字，結果很快有一位論壇裡的寶媽在站內與我聯絡：「好巧，我也住這裡，我們交換電話號碼吧！」然後，我就像著了魔一樣，和陌生人聊了將近兩個小時的電話。我們都是媽媽，講電話時經常被孩子打斷，不過沒人介意，我們都很有耐心地等對方把孩子搞定之後再繼續聊，講到手機要沒電了還意猶未盡。於是她提出：「要不然你有空到我家來坐坐吧，我家很大，孩子們可以一起玩。」我毫不猶豫就一口答應了。

老公聽到我要見網友，覺得好笑，兩個女生有什麼好約的，太沒意思了！當時我還不會開車，我家的社區在一座小山上，如果我去網友家，需要先花二十分鐘走下山、搭半個小時才一班的公車、下車之後再走十分鐘左右才到得了。結束後，我還要再原路返回，爬上山才能回到家，來回將近兩個小時的車程，還要背著毛頭，簡直太折磨了！

然而第二天，我居然真的鬼使神差地扛著大胖娃跑到她家，然後就有了第二次、第三次，後來幾乎每隔兩三天就要去一次，風雨無阻，我都佩服自己的毅力。你可能覺得我和這位網友一見如故，特別投緣什麼的，其實倒也不是，我們的成長環境完全不同，甚至三觀也都不太相近，除了小孩，幾乎沒有共同話題。我們混在一起也沒做什麼特別的事情，就是看著孩子們玩在一起，偶爾解決一下他們的小糾紛，有一搭沒一搭地互相說說自己孩子的瑣事，半天就咻一下地過去了。每次去她家閒聊，我就感覺自己內心深處好像有什麼東西甦醒了，突然變得有精神，一路上的疲憊感消失殆盡。後來，我又透過這位媽媽認識了更多當地的全職華人媽媽，開始有了一個自己的社交小團體，我們經常聚在一起，一邊帶小孩、一邊聊天，我漸漸有種復活的感覺。

剛生完小孩的那陣子，我覺得光是顧小孩和做家事就累得要命了，能不動就不想動，每天除了到社區樓下遛屁孩，其他時間就宅在家。毛頭睡了之後，上論壇發發文章或在LINE群裡聊天，這是我唯一和社會聯繫的方式。其實就連這麼單純的舒壓方式，我也是很有負罪感的，老公總是唸我：「你整天喊累，晚上孩子睡了還不早點休息，一直看手機。」

後來我漸漸發現，比起欠缺睡眠，媽媽更容易缺少的是社交生活。一、兩個星期不接觸外界可能沒什麼感覺，但長時間只圍著小孩轉，就特別容易有一種揮之不去的孤獨感，這種孤獨感有時候是老公和親人都難以幫我們消除的。

每當我和我媽打電話聊到帶孩子的種種瑣事的時候，我總是要儘量避免訴苦，因為我一旦開口，我媽就會說：「當初叫妳不要生，妳就要。當媽哪有那麼容易，我當年……」回憶完畢之後，再附送N條傳統育兒錦囊妙計。簡直幫倒忙！而和直男老公傾訴這些事，就更難得到慰藉了。來自火星的男人面對女人的抱怨，總會一本正經地：「那我們來討論一下，為什麼會發生這個問題，以及如何解決」的姿態：

你若說孩子今天又不好好吃飯，老公會說：「那怎麼辦？是不是你煮得不好吃啊？」你若說孩子今天特別盧，老公會說：「我跟妳說了多少遍，他鬧妳就別理他。」

最理解媽媽的憂愁的人肯定只能是媽媽了，就算兩個女人原來的背景多麼迥異、個性是否南轅北轍，只要有了同齡孩子，聊起來真的是一發不可收拾。兩個媽媽聊天很妙，一般都是這種內容：

「我家小孩今天又不好好吃飯。」

「我家的那隻也是啊，要他吃一口飯，好像要他命一樣！」

「我家毛頭今天不知道怎麼了，脾氣硬得很，就是要唱反調。」

「我也搞不懂，我們辰辰有時很乖，有時又像吃錯藥，哭到我很想給他巴蕊！」

在旁觀者看來，這好像在各說各話，一股腦兒沒完沒了地說自己孩子的狀況，但居然還聊得挺開心。其實，這種「平行時空對話」正是我們媽媽最需要的聊天方式。

第一，帶小孩有多難、有多累，我們單純需要傾訴，但是不需要什麼建議和解決方法，有人傾聽並表示理解，我們心中的鬱悶就能夠釋放一點。

第二，媽媽特別容易焦慮，總覺得自己不夠優秀。當與其他媽媽交流，發現「原來不是只有我這樣啊」的時候，就會卸下很多壓力。

除了聊天特別讓人舒暢，兩個小孩的媽媽湊在一起，還有一個巨大的好處，那就是兩個媽媽帶兩個寶寶，要比一個媽媽帶一個小孩輕鬆一倍。

首先，孩子的注意力會被另一個小朋友分散。兩個屁孩你看我、我看你；兩歲以後就可以慢慢有交流互動，媽媽們就可以從陪玩中解脫了，只要約定好規則和解決搶玩具的問題就可以了。尤其是兩個女孩，小閨密一起認真地扮家家酒，媽媽們可以安心地坐在旁邊喝咖啡，好不愜意啊！

其次，育兒資訊可以進一步優化。玩具總是別人家的好玩、飯總是別人家的好吃。孩子在自己家裡天天吵鬧，可惡到不行，可是到了別人家，另一個人格立馬打卡上班，小乖乖似的摸摸這個、碰碰那個，什麼都覺得新奇好玩。兩個小朋友一起吃飯，互相增加食慾，比在家吃得多。我當時經常和三個媽媽排好班，今天到A家吃飯、明天B

家，每隔三天我只要準備一頓中餐招待大家，不旦可以蹭三頓飯，毛頭也可以玩到三個小朋友的玩具，效率也太好了吧！

幾個媽媽一起溜屁孩，更是歡樂加倍。如果一個媽媽帶一個小孩出門，就要時刻緊盯不能分神，連上個廁所都難，就一個字「累」。要是好幾個媽媽帶著好幾個寶寶出門，那就方便多了，隨時都有朋友救援。當孩子們追來跑去的時候，派代表輪流注意一下就好，其他媽媽就可以偶爾放鬆，享受片刻。

另外，當他們都混熟了，還有助於訓練社交能力，儘早學習一些簡單的人際關係規則，譬如不能打人、不能搶東西、懂得輪流玩，還能和小朋友學會新玩法，乃至發展語言能力，體會到小小的友誼，好處實在太多。

美國有很多公益組織成立了「mother goose（鵝媽媽）」俱樂部，促進本地的新手媽媽們一起聊聊天、帶孩子唱唱歌、玩玩遊戲。這都是非常有益於媽媽們身心健康的活動。在新罕布夏州住的那三年，是我朋友最多的三年，也是我育兒生涯中最快樂的三年。我們這幫朋友中的其中三人，甚至都在同一年內生了第二胎，聚在一起時熱鬧得就像一個幼稚園。我們相約去各種地方野餐、去果園摘水果、到湖邊烤肉、玩水、背著屁孩爬山、參加節日慶典、逛博物館、在家裡玩烘焙、包餃子、搓湯圓，還吃了很多次火鍋⋯每一次聚會都留下美好的記憶。在搬到那裡之前，我一個人帶小孩，雖然可以把毛頭帶得不錯，什麼都井然有序，但心情總是十分低落。但自從有了一群朋友，我突然感到正能量爆棚、精力超級充沛、整天幹勁十足、笑容滿面，甚至讓每天上班被老闆虐的老公感到非常不平衡。

很多朋友和橙子傾訴了同樣的心情，感覺自己好像特別脆弱和玻璃心。我要說：「這完全不是這麼一回事，只是說明現在正感受到孤獨寂寞，需要展開你的社交生活了。」

人類是社交動物，有了小孩後其實更容易感到孤獨，也更應該與人接觸。希望各位媽媽們能勇敢地走出去，在替寶貝們尋覓玩伴的同時，也請記得找出自己的交友圈，請時不時參加一些有趣的活動，和孩子一起熱愛生活！

第6章

對於多元的教育觀念，我有自己的堅持

家長苦於督促孩子學習，
是因為他們總喜歡把最複雜的任務給孩子，
把最簡單的留給自己。

加拿大小學生的佛系散漫日常

經常有人問我：「橙子你現在事業做得這麼好，有沒有考慮全家搬回台灣發展？」說實話，我曾經很心動，畢竟台灣生活的便利度與全世界都認證的美食是如此誘人……不過，一想到我家那個小惡魔的上學問題，我就馬上打消了這個念頭。這屁孩若是回了國，怕是會被當成白痴吧！聽說台灣現在的教育水準都很高，我家毛頭在上學前班之前，連二十六個字母都認不全，無論怎麼教，b、d、p、q就是分不清楚，甚至連6和9都有認知問題。

作為學霸父母，孩子是這樣的程度，本來是看不下去的，所以前年他進學前班之前，我很怕他跟不上，想讓他多練習寫字母。教了兩天，我感覺自己大概會因為血壓過高而英年早逝，每分每秒都在壓抑著想拿皮帶抽他的慾望。親生爸媽真的是最可怕的老師啊。冷靜下來之後，我還是覺得自己不蹚這渾水比較好，等到臭小子學不會及跟不上進度來求我的時候，我再出手，他應該能收斂合作一些。入了學才發現，我實在是想太多了！什麼跟不上、著急，完全不存在！

加拿大崇尚「因材施教」，老師會根據每個孩子的程度提出不一樣的學習要求（所以他們常出現一個班裡有一半一年級學生，一半二年級學生這種匪夷所思的現象），所以不論孩子多差勁，都不會有什麼挫折感。

而且，我實在懷疑孩子們到底有沒有學到東西，教室就如照片這樣：

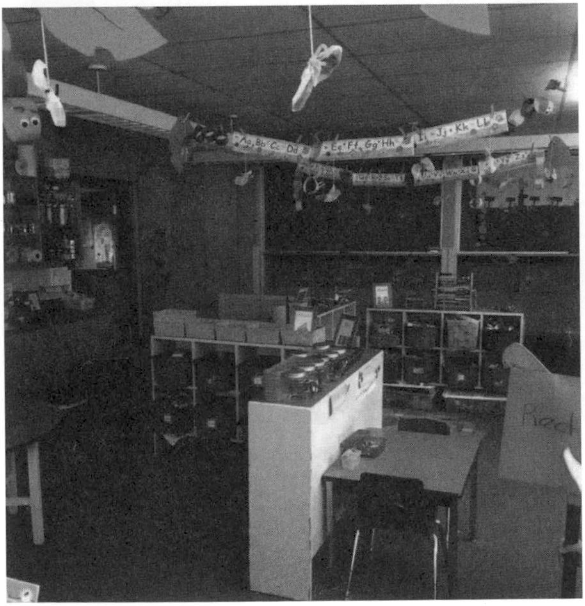

毛頭學前班的教室

最煩的是，沒有回家作業，所以一回到家就是玩啊！每天書包裡只放兩樣東西——便當和水壺，有時還從家裡帶玩具去學校交換玩。你確定這是在上學嗎？上了一年學前班，收到成績單，一整排都是B，只有體育拿到A。再看到期末最後一天帶回家的作業本，簡直要崩潰……

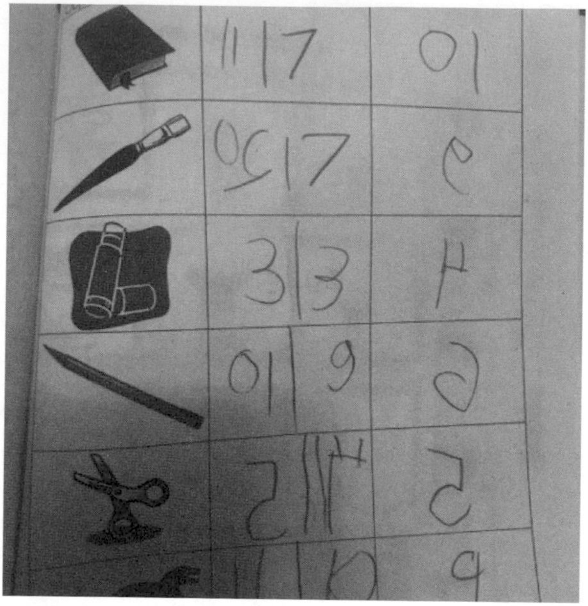

小遊戲：請找出圖中有幾個寫反的數字

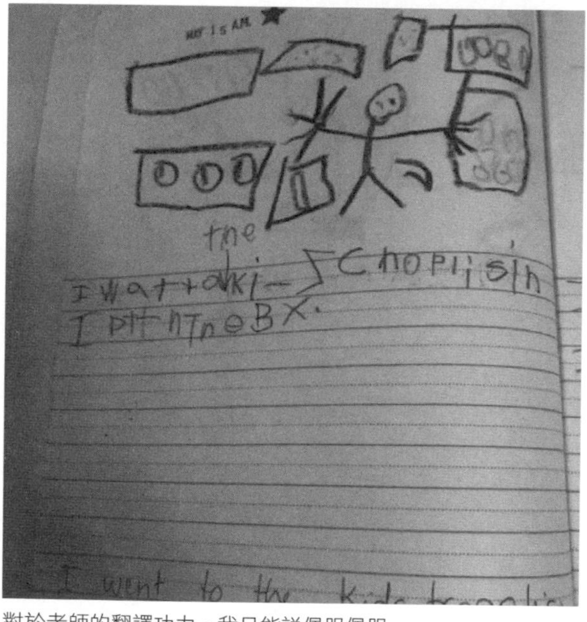

對於老師的翻譯功力，我只能說佩服佩服

對於加拿大的教育，我是服氣的，真的是寓教於樂啊！這死小孩把作業寫成這個樣子，老師也不要求改正，這這這……這像話嗎？眼看著要上一年級了，書也不會讀、字也不會拼，感覺再這麼爽下去，他不就變成半文盲了嗎？而這位當事人對這一切毫無知覺，每天高高興興地背著輕飄飄的書包去上學：「老師好親切、學校好好玩，我愛上學，耶！」先生安慰我說：「哎呀，別著急嘛，這只是學前班嘛，上了小學一年級應該會正式一點。他可是我們兩個生的耶，是會笨到哪去！」為什麼男人總是對自己的基因莫名地充滿自信呢？就算你基因好，你學生物的不怕有基因突變嗎？好吧，那我也只能等一年級吧！

看上去一切照舊，整天做美勞、講故事，動不動就出去遠足，參加公益活動。兩個月過去了，老師依然沒有出作業，不會的還是不會。問毛頭：「你們班的小朋友有會唸書的嗎？」他說：「有啊，有好幾個呢！某某可以看很厚的書了。」我說：「那你不會，你都不著擔心啊？」他竟然說：「還有好多人比我爛！而且老師還說我有進步呢！」這個環境未免太寬鬆了一點吧，我突然非常懷念當年經常痛心疾首訓學生的小學老師。

眼看著他這種學習進度，實在坐不住了，於是我和先生兩個人輪番上陣，每天逼著毛頭學半個小時的自然拼音（phonics）。臭小子不願意啊，嫌難、嫌無聊啊，不停打滾耍賴。在打孩子犯法的國度，我只能強壓著怒火，靜靜地等他鬧完了，然後繼續跟他耗。就這麼趕鴨子上架地惡補了一個月，總算勉強能閱讀書本。

效果是很顯著，不過這一個月，家裡每晚上演狗血劇情，臭小子鬼哭狼嚎到讓我生無可戀，親子關係前所未有地緊張。於是，當我發現毛頭有能力自己拼讀出單字之後，我就趕緊收手了。屁孩你還是繼續在學校混吧，虎媽、推媽真不是一般人能當得了啊。

去年秋天，正好搬家換了新學校，於是發生了普天同慶的事情，毛頭終於有作業了！作業就是每天讀一本書、畫一幅畫並寫一句讀後感。這也叫作業？畫一幅畫是什麼鬼？難道不應該是今天學了八個單字，然後每個字寫十遍這種嗎？我真的對加拿大的教育太失望了。

就這麼簡單的作業，他依然每天跟我鬧，我不能告訴他怎麼寫、也不能提醒他寫錯了、不可以說他字寫得不好、要他寫多一點也不願意。我真的想讓他體驗我們經歷過的，每天一回到家就是先寫作業，國語、數學、自然科學，不寫就是先被爸媽揍一頓，含淚繼續寫。而他每天就算拖拖拉拉，半個小時就可以寫完，知不知道有多幸福啊！作業是有了，然而老師依然佛系，眼看著孩子亂七八糟的草書字跡和一眼就看出的拼寫錯誤，依然給好寶寶貼紙。

而且這熊孩子寫作業完全是在神遊，簡直忍無可忍。

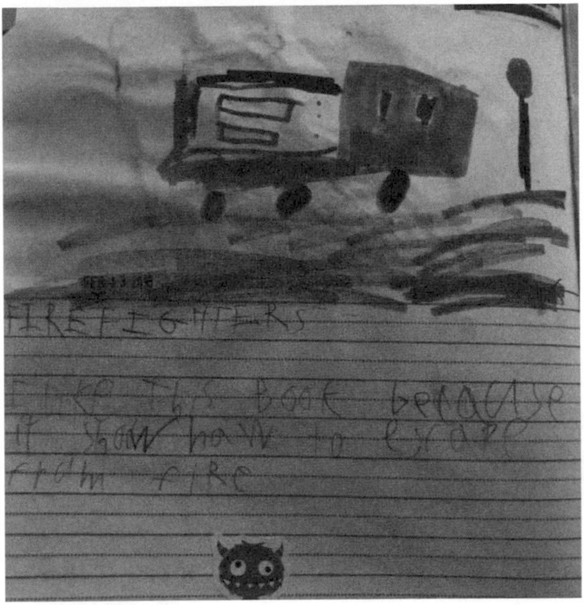

how 和 from 竟然也可以拼錯

翻譯：我不喜歡這本書，因為內容太長了

這位小朋友，你要是生在台灣肯定早就被打手心一萬次了。不過，經歷了逼著他學拼讀那一段，我看到他這種作業也只能苦笑，根本沒勇氣提出修改意見，還是命要緊，心裡已經在盤算著要不要幫他請個家教，來代替我受苦。可是過沒幾天，收到了

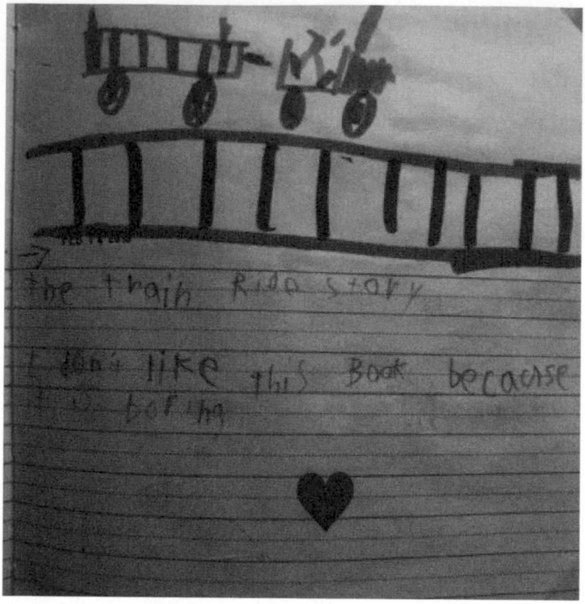

翻譯：我不喜歡這本書，因為它好無聊

翻譯：我喜歡這本書裡的狐狸，因為牠差點把所有小鳥都吃掉

毛頭的獎狀

老師的通知，說是隔天學校要開優秀學生表彰大會，要頒獎給毛頭？

我嚇到下巴都要掉了，他是能得什麼獎？關心同學？熱心服務？第二天接過獎狀一看，下巴還真的掉了：最佳學習進步獎！

老師頒獎的時候說，毛頭非常努力認真在寫作上，而且很有毅力，並且有很大的進步，所以特別獎勵他。

老母親在台下頓時老淚縱橫，一方面固然是感到驕傲，另一方面還是覺得匪夷所思。這樣也可以得獎？進步了？跟我開玩笑嗎？偷偷拿出他剛剛寫完的作業看了看：

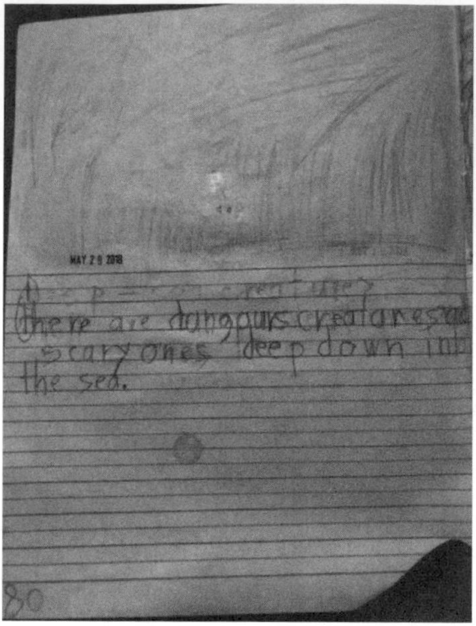

嗯，依然拼錯字

進步是看得到的，能寫出較長句子了，不再總是只會寫「I like this book because...（我喜歡這本書，因為……）」的句型，字母寫得比以前好看了一些，也都能規規矩矩地待在格子裡了。

而且，毛頭最近書看變好快，已經可以唸繪本給妹妹聽了。好吧，進步確實挺大的。在我完全沒有幫他的情況下，在這樣的教學環境裡，他居然還能進步，我也很吃驚。也許我對學習這件事有點誤解，覺得既然是學習就要認真，就要有紮實的基礎才能進步。

但那只是我最熟悉的一種方式，可能學習的方式是多樣化的。也許像毛頭

再看看九個月前不知所云的火星文

這樣的小孩，就比較適合「放風箏式」的學習法吧，儘管雜亂無章、錯誤百出，但只要他能保持好學向上的心，這些小錯誤都是暫時的，給他一些空間，讓他慢慢成長，我相信他總會越來越好。

雖然看到他到現在依然b、d不分，7和9會寫反，內心還是十分崩潰和絕望，但孩子的學習生涯才剛剛開始，我這媽媽不知道還有多少修煉的路要走。孩子，願你更努力一點！

學習不用太計較，追求完美既辛苦也沒必要

暑假到了，我家毛頭二年級畢業了。我曾經對加拿大公立學校「放牛吃草」的教學模式很憂心，經常懷疑人生，於是千辛萬苦砸錢，讓他們兄妹兩個進了一所排名還不錯的私立學校，以為那裡的學習氛圍會稍微緊張點，教學內容能稍微繁重點，我也好有點理由能讓自己配合著嚴厲一點。很多文章不都說，西方先進國家的教育是場陰謀，窮人家的小孩在公立學校享受快樂教育；而有錢人家的小孩在私校裡爭分奪秒地刻苦攻讀嘛！

然而，孩子們在私校裡待了一陣子，我才發現有點不對。哎哎！說好的刻苦勤勉呢？從深度和廣度上說，教學內容是比較豐富，但是完全沒有任何嚴厲感。孩子們每天輕鬆愉快地上學，書包裡依然只有水壺、便當和防曬乳，不知道的還以為是去郊遊。依然是和大型幼稚園一樣氛圍的教室、依然是有跟沒有一樣的回家作業、依然是要學

不學隨便你的教學方式。重複練習？背誦抄寫？解題訓練？全都不存在！上學跟扮家家酒一樣。感覺還是在放牛吃草，只不過牛可以奔跑的草園更大一些，草的品質更好一點罷了。

這樣真的好嗎？

過往的經歷告訴我，想把知識學紮實，就要下苦功，必須要經歷反覆地記、背、練的枯燥過程，光靠課堂遊戲，能學得紮實才有鬼！

事實上，我的經驗也沒錯，缺乏大量練習就會讓孩子寫出這種抽象派的玩意：

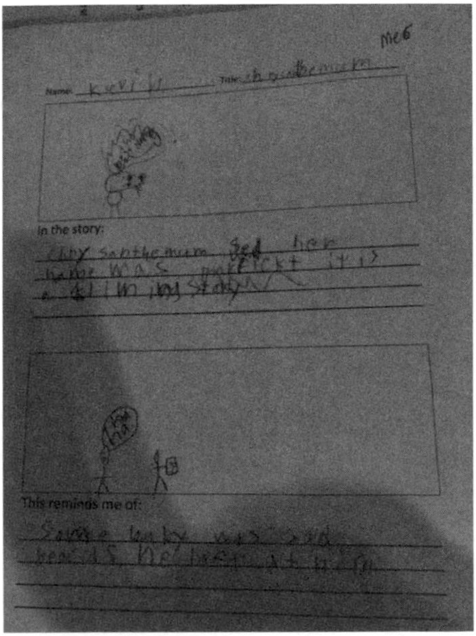

毛頭的作業

不好好寫字，滿滿錯誤，而右上角寫著6分（滿分是7分），我也是不懂。

當時我拿著這個作業問老師：「他這字母寫成這樣、錯得離譜，不用訂正嗎？」老師聳聳肩一臉無所謂的樣子，彷彿我問了一件很沒意義的事：「他還在學習中啊，不用糾結這些，以後會進步的。」

反正問了也白問，怎樣都說毛頭很棒好聰明、沒問題的。唉，我感覺有點無法溝通，這還沒問題，那怎樣才叫有問題？都二年級了，不要求寫得好看也就罷了，但總要正確書寫吧，老師是不是要求太低了？

可是隨著時間的推移，毛頭拿回來的「作品」越來越多，我漸漸發現，和我之前想的相反。其實學校對孩子駕馭文字能力的要求不但不低，反而比我預想的高很多。

左頁的作業是要分享趣事：我的朋友Jayden（傑登），他有趣得像隻猴子，酷得像個超級英雄，是一個超級富有的人。

他不用把字寫正確漂亮、不須要把詞用得多精準、文法更是沒有要求，用亂七八糟的模式就開始嘩啦嘩啦地寫，寫多了居然也飛速進步。可能就是因為這裡的老師選擇忽略毛頭那麼多的錯誤，他才有勇氣越寫越多、越寫越好，而且小小年紀就能做出這麼複雜的東西。

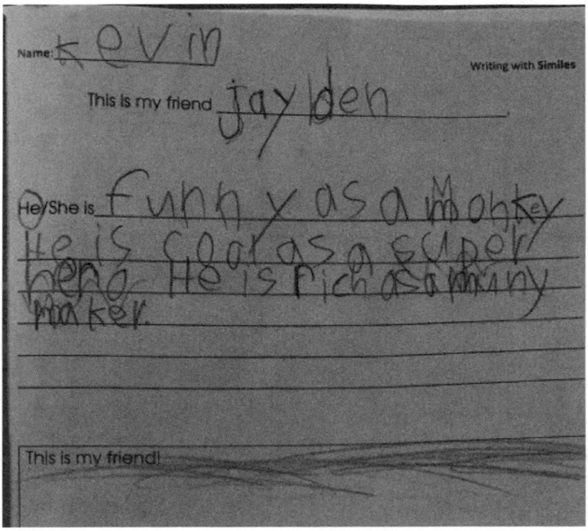

趣事內容

我以前經常認為學習是個辛苦「蓋高樓」的過程，每一層都要紮紮實實，打好基礎了，才可以再往上蓋。可是有些情況下，學習更像「開著一輛破車狂奔」的過程：先不說這車多破多爛，只要還能走，那就繼續開，邊開邊修邊解決問題。等開到了很遠的地方，這輛車也被越修越好，雖然還是有些毛病，但你也看到了很多美麗的風景啊！這不是比蓋高樓來得開心，也有效率嘛！所以有的時候，爸媽真的不必過於糾結於「基礎」這件事。

記得自己上小學的時候，也有很多讓我媽崩潰的狀況：九九乘法表裡的4

X8得多少，死都記不住；「低」和「底」傻傻分不清楚；拼音裡一旦出現「r」，就不會；2和3總會寫成鏡像字……。

每次我媽都覺得這麼簡單的東西，教了還是不會，簡直笨死了。可是她如果不糾結這些問題呢？暫時跳過去，我會因為卡關在這幾個知識漏洞上，就再也什麼都學不會嗎？不會啊！事實上，這幾個問題我也只是領悟得比別的知識晚了幾個月而已，絲毫不影響其他學習，就像毛頭的拼寫問題並不耽誤他去寫很長很長的文章一樣。

因為比起整個英文拼音系統，某些單字的拼寫問題是細枝末節；比起整個乘法系統，4X8得多少是細枝末節；比起我的整個識字量，「低」和「底」兩個字分不清是細枝末節。

一開始學會了一些、弄不懂一些、記不住一些，回頭再補起來一些、再忘掉一些、後來又撿起來一些；今天挺熟練，明天又生疏了……這樣混亂的學習過程，誰沒經歷過呢？誰敢說自己某個科目一個盲點都沒有？

你自己的車子也是千瘡百孔的，就不要苛責孩子了。雖然從應試教育的評價體系來看，掌握不了一個科目就要扣多少分，總覺得很失敗，可是**用更長遠的戰略目光來**

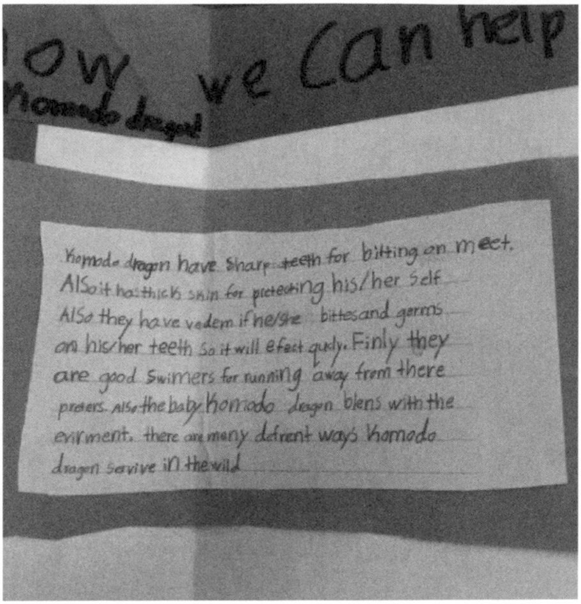

毛頭後來所寫的文字

看，學習是一件需要貫徹終生的事，還是應該讓它更有樂趣，讓人更有成就感，不去計較一城一池的得失，才能有勇氣開拓更廣闊的天地啊！

上才藝班，如何才能讓孩子堅持下去？

去年這個時候，我正忙於幫毛頭和果果找鋼琴家教（之前上了半年一對多的鋼琴學習班），現在鋼琴家教很多，我很苦惱該選怎樣的老師。當時，有朋友推薦我自家的華人家教，說很負責、很嚴格，對學生要求高，孩子可以進步很快。

這些在很多人看來是優點，但是在我看來卻都是深深的坑。毛頭個性實在太硬，他對自己的要求已經很高了，彈得稍不如意情緒起伏就很大，如果老師再給他更多壓力，他敏感的神經一定會不堪重負，整天哭給我看。

於是挑來挑去，幫他們兩個找了一位當地的鋼琴老師，是個很面善的白人老太太，看上去就很溫和，絕對是那種每天誇人一百遍不重複的經典北美老師派。

如果你有相關經歷，就會知道演奏樂器是一件多麼讓人神經緊張的事情，有一點點錯誤聽起來都會非常明顯，分分鐘逼死有強迫症的人。想要把一首曲子演奏得完美，除了需要注意手型位置、節拍強弱⋯⋯等超多細節，還要讓一個自控能力很差的小屁孩精準地掌控這些細節，簡直是逆天而行。

在這麼高的要求下，必須得用權威壓制，所以在我的印象中，無論教什麼樂器的老師，都有一種不怒自威的高壓氣場。

但是，加拿大這個友好之國的老師究竟是不一樣的，一點壓迫感都沒有，教我們家兩個小孩都快一年了，我還沒見過她有絲毫煩躁的情緒，就算不認真練習的毛頭把她交待的作業彈得跟屎一樣，就算坐不住的果果經常跳下琴凳滿屋子亂跑，她依然可以一直保持微笑。頂多就是笑瞇瞇地告訴毛頭：「這首曲子你彈得還不夠熟練，回家再練一周吧。」頂多就是笑瞇瞇地和我說：「果果的注意力無法長時間集中，建議把四十五分鐘的課改成三十分鐘。」根本「佛」得一塌糊塗。

老師的寬容，好處是顯而易見的，兩兄妹都很喜歡上鋼琴課，平時在家練琴也不用特別催，非常積極並且興趣十足。但代價也是有的，學習進度簡直慢到令人髮指。

想當年橙子小時候，四歲開始學電子琴（沒錢買鋼琴），每天要練習兩個小時，學到五歲就能彈《大黃蜂的飛行》，這種能讓手指頭打結的世界名曲了，六歲就獲得了市級比賽獎項。而我這種程度在同年紀學琴的圈子裡還算比較笨的，經常被嘲笑。毛頭學到現在，每首曲子都短小精幹悍，絕對不會超過八行，而且還有大量重複旋律，用到的技巧也非常簡單。

在這麼輕鬆的環境下，這兩人完全沒壓力。毛頭每天能彈二十分鐘，有時候玩得太累了還會罷彈；果果更是連十分鐘都坐不住，我想讓他們練時間長一點都無法——這曲子就這麼簡單，我已經練熟啦，你讓我練那麼多遍幹嘛？

就算去上課有了新作業，依然是簡短又簡單的曲子，彈起來很容易。我比較了一下這本教材的第一首曲子和最後一首，可以說是沒有難度差別，就算完全不偷懶一課一課地練下去，一年下來也不會有太大長進。雖然練了這麼久也有進步，但也太慢了，感覺他們就算再學三年，也達不到我五歲時的程度。

這位老師到底會不會啊？是不是故意拖延混學費啊？直到我看到這位老師在期末召集她所教的所有學生開的一場演奏會，我才打消疑慮。我覺得我家那兩個開始學琴的年紀已經很晚了，但是放眼望去，她的學生就是一群小屁孩，一屋子裡有三分之二都是初高中的青少年，幾乎都是這位老師從小教大的。

上場學生的年紀越大，彈奏水準就越高，等到了今年上大學的兩個學生上場，已經技驚四座了，沒想到壓軸的是一個已經上大學回來捧場的學生，感覺就是專業級的。原來人家老師是有本領的，只是認為要把戰線拉長到十多年而已，自然不會急躁地趕進度了。

可是，我還是想不通，像我家兩個小孩現在這樣慢慢吞吞、毫無壓力地練琴，真的能練到像學長姊那樣好的程度嗎？出於這種擔心，我找了個機會扭扭捏捏地向老師暗示：「現在的學習程度對我家兩個孩子來說好像過於輕鬆，要不要提高他們上課的難度？」

老師心領神會地笑了，說了一段發人深省的話：「我知道毛頭和果果很聰明，推一把他們可以學得更快。但是我認為孩子們剛剛接觸鋼琴，這個入門的階段是非常珍貴的，應該儘量延長它，而不是著急結束。因為在這個階段，可以最大限度地激發孩子對音樂和彈鋼琴的興趣和熱情，應該讓他們盡情地享受彈鋼琴的快樂。所以現在我讓他們學一些輕鬆愉快的曲子，不給他們太大壓力，放慢腳步，讓鋼琴慢慢滲透到他們的生活裡，成為他們心目中很美好很重要的存在。等到他們長大一點了，到了可以精進技術的時候，他們一定會遇到瓶頸，時常陷入焦躁和自我懷疑中。這個關頭，入門階段的那份感受就非常重要了。他們會因為回憶起鋼琴帶給他的美好而有很深的情感羈絆，就算遭遇很大的挫敗和阻礙，他們內心也會非常難以割捨這個愛好，就不太可能會放棄了。**只要不放棄，他們就能繼續進步**。」

聽到這裡，我終於恍然大悟，為什麼我小時候雖然電子琴已經彈到能得獎，但我卻說放棄就放棄，正是因為我關於彈電子琴的記憶，九十九％都是痛苦的。

由於當時大家追求速成，我練琴的強度非常大，每天進行枯燥重複又艱苦的練習，根本超越了一個四、五歲孩子的承受能力，即便乖巧如我，也免不了有各種反抗，我爸媽和老師就只能動用各種非常手段讓我合作——威脅、羞辱、訓斥，乃至進行各種體罰，簡直就是童年陰影。這樣的經歷讓我對彈電子琴根本沒有任何留戀，得了那個獎之後，我趁著父母鬆了口氣，以學業忙為藉口，幾乎是歡天喜地地放棄彈電子琴。當時我不但不覺得有任何留戀，反而像丟掉了一個枷鎖一樣，感到無限輕鬆，而且完全不想再撿起來，沒兩年就忘得差不多了。

現在想來，真的是非常非常可惜。有多少孩子學習樂器時，剛入門的時候被逼著狂練猛練，上了小學就放棄了一大半，到了國中又放棄一大半，堅持到這裡的人已經很不容易了。等到了高中，除了未來想成為職業樂手的，其他人就更難堅持了。把演奏樂器當成愛好、陪伴一生的人太少太少。

相信現在絕大多數父母都和我一樣，花錢讓孩子學才藝專長，無論是藝術或體育，並不是真的期待他真的走向專業、成名發光，只是想讓他多一種才藝技能、多一個興趣，讓人生更多元、有更多選擇。如果你真的能保持這個初衷，把思考的尺度放到孩子的一生這個長度上，你就不會選擇焦慮地拿著鞭子鞭策他，怕他學得太慢。

所以，**讓孩子學習任何才藝，都不要急功近利，先讓他能夠感受到這個項目中最美好、最有趣、最讓人享受的部份，慢慢地吸引孩子投入，漸漸在情感上把他套牢，讓他在這條漫漫長路上，就算沒人時刻督促，也能自主地堅持下去。**

當孩子遭遇校園霸凌時，我們要如何幫助他？

轉眼就到年底，在北美又到了播放聖誕組曲的時候，進了商場在播、打開收音機在放、屁孩們回了家也一直哼哼唱唱。被洗腦了若干年之後，我也被迫學會了其中好幾首經典聖誕歌曲。其中一首因為旋律很好聽，成功引起了我的注意，於是我查了一下歌詞，結果發現這首是在一九四九年創作的古老聖誕歌曲，歌詞居然描述了一個反霸凌的故事。

歌詞中的故事是這樣的：魯道夫是聖誕老人的一隻馴鹿，但和其他馴鹿不一樣的是，牠長著一個亮閃閃的紅鼻子。因為這樣，其他馴鹿都看不起牠、嘲笑牠，不讓牠加入馴鹿的遊戲。直到在一個瀰漫著大霧的聖誕夜，聖誕老人對魯道夫說：「你看你的鼻子又紅又亮，今晚你正好可以走在最前面，幫我指引啊！」從此，再也沒有馴鹿看不起魯道夫了。相反地，大家都羨慕牠有一個這麼厲害的鼻子，紛紛想跟牠交朋友。

紅鼻子的魯道夫就這樣創造了歷史，成了最受歡迎的馴鹿。

你難道不覺得這個故事的前半段讓人非常熟悉嗎？

近些年來，霸凌的話題越來越受到關切，小孩子們道德觀念還沒有成形，法律又很難管束，一旦邪惡起來，往往特別殘酷。

霸凌的一方只是覺得好玩，並且享受了踐踏一個人尊嚴的優越感，但是對被霸凌的那方來說，這簡直是他一生的噩夢，他會格外敏感、膽怯、自卑、失去自信和自尊，無論他想要試圖小心翼翼地討好別人、試圖反抗、發怒發脾氣，效果都會適得其反，然後遭到更嚴重的嘲笑和排擠。

回憶一下，是不是你每個學生時期的階段裡，總會有那麼一、兩個可憐的孩子，被全班看不起和取笑，就算有同情他的人，也會因為害怕受到牽連而不敢和他玩。造成被排擠的原因好像有很多，一般來說，胖胖的、外貌較差的、身體有缺陷的、功課不好的，或者新轉來的同學，比較容易成為對象。這會讓人誤以為孩子被霸凌是因為自身有缺點，如果他沒有這個缺點，就沒人會欺負他了。

所以，很多家長看到小孩膽小、內向、瘦小、有胎記啊什麼的，就會非常擔心他以後被欺負，想要幫助改善。但往往事與願違，即便你努力了，孩子依然容易受欺負。

橙子自己就是一個很典型的例子，從有記憶開始，我媽就說我胖、運動能力不好、反應慢、個性內向，害怕我會被欺負，總想辦法幫我「戒毛病」，結果她怎麼試都沒用，不管在哪裡，我永遠都是被欺負的那一個。長大之後，我對童年的經歷進行了很多反思，發現自身有缺陷根本就不是被霸凌的原因，有缺陷的人不只我一個，為什麼只有我被欺負呢？而在被霸凌的那些人之中，不乏長得不錯又外向的人，有的成績也很好，但依然遭到如此待遇。

所以，霸凌的人是先找那些看上去「散發出弱者氣息」的人，然後在他身上挑毛病。**哪些人會「散發出弱者氣息」呢？答案只有一個，那就是自卑的人。**

當一個人自己都不喜歡自己、嫌自己胖、自己醜、自己內向是缺點的時候，其實就把心靈的弱點曝露在外，有些心地不善良的孩子會敏感地察覺到並且試圖去攻擊，透過踐踏別人來彰顯自己的優越感。

我上國中的時候，班上有個同學的手有殘疾，只有三根指頭，看上去很醜很畸形，但是他就一點不為此感到自卑，別人談到他的手，他就會津津樂道地講述他的手是怎麼受傷的，還會笑著拿自己的手開玩笑：「我這隻手真的很酷不是嗎！」他的態度非常大方坦然，無論別人怎麼談論，他都不會受到傷害。所以，這個同學雖然有缺陷，卻完全不會被瞧不起，反而有很多朋友。

但是，自卑的人就相反了。一旦別人談論他的缺點，就會「被戳到痛處」，會發怒或者傷心迴避，表現出受傷、痛苦的樣子，讓嘲笑他的人立即感受到了「傷害別人的快感」，變得更想繼續攻擊和傷害對方。

而且，霸凌者不光是自己動手動口，更會到處說散播被霸凌者的壞話，聯合更多人欺負他。《人類簡史》上說，一起說別人壞話，是兩個人迅速產生穩固友誼的有效途徑。所以，你會發現，這個喜歡霸凌欺負別人的孩子，一般都是在團體中人緣最好，最有影響力的那個。這樣的人說話通常都特別有號召力，很快他就會讓所有人認為，被霸凌者就是不正常，欺負他是應該的。至此，一個霸凌的氛圍就成功形成了。

對一個弱者來說，一旦周圍形成了霸凌的氛圍，就很難去改變了。有人說，怎麼不告訴大人，讓大人幫忙解決呢？你可以想像一下，一個孩子告訴老師和家長：「○○○說我壞話。」大人們通常會怎麼反應呢？當然不把這種小糾紛當回事。就算正視這個問題，也很難去干預——人家說你壞話，你根本沒證據；不願意和你玩，總不能要大人出面強迫人家和你玩吧？而且被霸凌的孩子告了狀之後，會受到更厲害的反撲：「哎喲，還會告狀，看來你還不夠慘嘛！」就算老師和家長想盡辦法，拉開他們之間的距離，效果也會非常差，因為比起不被欺負，被霸凌的孩子更加渴望的是「友誼」和「被看得起」。所以有的被霸凌者甚至會為了得到友情而自殘，去討好霸凌他的人。

所以，被霸凌的孩子越是被大人幫助，就越會失去擁有友誼的可能性，因為所有孩子都討厭「打小報告」的人。

所以，魯道夫因為長了一個亮亮的紅鼻子而被其他馴鹿欺負，這件事好像根本無解，就算聖誕老人說：「你們不可以欺負魯道夫！」也是沒用的。如果聖誕老人鼓勵魯道夫說：「魯道夫，你的鼻子很好看呀！你不用管別的馴鹿怎麼說，不要理牠們。」那有用嗎？還是沒用！因為聖誕老人認為魯道夫的鼻子漂亮，只是他的想法，其他馴鹿並不會這麼認為。這也是幾乎所有校園霸凌都非常棘手的原因，因為就算大人用權威調停，收到的效果也有限。

面對霸凌，到底該怎麼辦呢？

在這首歌中，聖誕老人做了最正確的事情，他讓魯道夫用紅鼻子來指引雪橇，並且由衷地感謝牠，讓這個原來被視為「缺點」的紅鼻子成了現在的「驕傲」。最重要的是，連魯道夫自己也因此感到驕傲，就算以後再有人因為這件事嘲笑他，他也會反擊：「我這個鼻子很厲害，聖誕老人靠我幫忙送禮物！」從此再也不自卑，也不再受到傷害。霸凌的氛圍自然也就消失了。

讓被嘲笑的「缺點」變成「驕傲」，進而讓被罷凌的孩子找回自信，是反罷凌最有力也最有效的方式。

事實上，在北美，人們這幾年在反霸凌這件事上也正採取這種做法。譬如，前一陣子有則新聞，說有一個內向的四年級小男孩夢想去上田納西大學，在「大學校服日」這天，因為沒錢買大學的正版衣服，於是他自製了一件T恤，因為畫得太醜，被同學嘲笑。結果小男孩的老師把這件事上傳到網路之後，得到了所有田納西大學學生的支持，小男孩收到了各種正版且帶有田納西大學 logo 的周邊紀念品，而且田納西大學還用他的畫製作了「限定版T恤」。

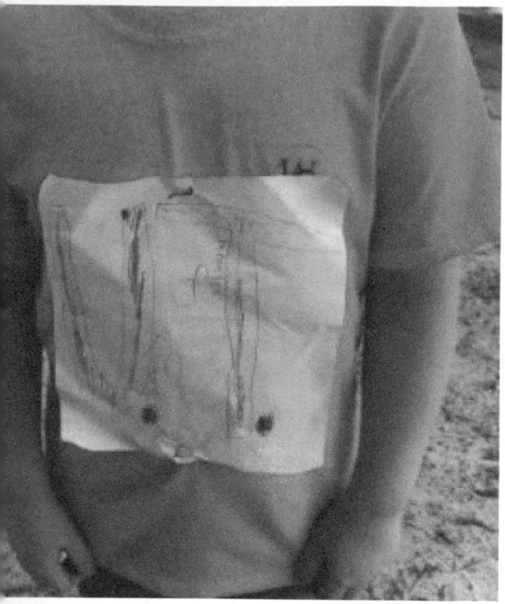

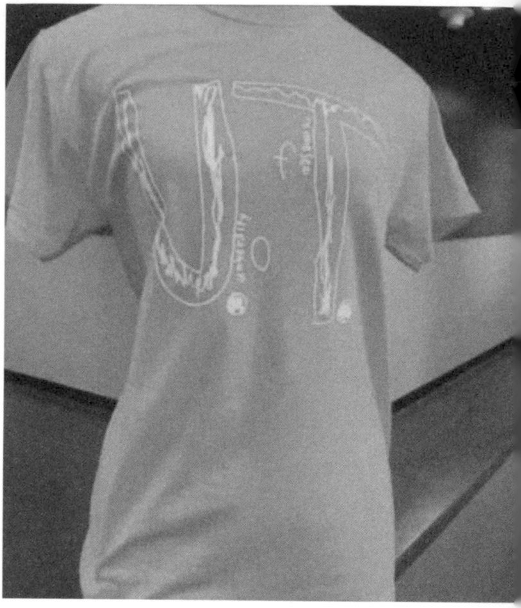

田納西大學用小男孩的畫製作T恤

在這樣聲勢浩大的聲援下，小男孩被同學嫌棄的畫作反而變成了他的驕傲，讓他很容易就跳出了被霸凌嘲笑的氛圍。

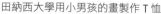

加拿大有「pink shirt day」，也是為反霸凌而制定的。起因是一個喜歡粉色的小男孩被霸凌，事件曝光之後，全加拿大的學生，無論男女都穿上粉色衣服，聲援這個男孩，由此形成了一年一度的反校園霸凌紀念日。

所以，當孩子因為某些缺點而被霸凌時，我們要做的並不是讓孩子「改正缺點」，反而要及時「護短」。權威應當適時介入，充當故事中聖誕老人的角色，把被霸凌者被針對的缺點轉變成他

反校園霸凌紀念日

的「驕傲」，才能真正成功地永久反擊罷凌。

多關心每一個看上去好像有些缺陷和問題的弱勢孩子，不把焦點放在缺點上，多些鼓勵和肯定，找到每個孩子發光的一面，讓不完美的人也可以驕傲自信地生活在陽光下。

北美人的育兒風格

昨天，我在果果的書包裡發現了幼稚園老師寫給我的字條，上面寫著：「請幫孩子把水果切成小塊再帶到學校，尤其是葡萄這種圓形的東西。」

我迷迷糊糊地記得入學須知中好像講過這件事情，不要幫小孩帶圓形水果，因為不安全，怕卡到氣管窒息。但是我家兩個小孩天天吃葡萄，吃得很好，於是沒注意，結果第一次讓果果帶葡萄，就被老師點名了⋯心中第一個想法就是：「太誇張了吧！」葡萄這種東西切成兩瓣，再放兩個小時，還能吃嗎？

北美人民的育兒觀念真的很無微不至。有時候細心到一種變態的程度，尤其是在安全方面。學校有各種奇葩要求，葡萄只是一個縮影。另一件讓我感到很震撼的事情是對「過敏」的重視，我所接觸過的所有學校和幼稚園都會有「peanuts free（無花生）」的要求，因為團體中可能會有對花生過敏的小孩，所以要求全校所有的孩子都絕對不可以帶花生製品上學，甚至會要求早餐不可以吃花生醬，因為嘴巴吐出的氣息也有可能會對花生過敏的小朋友造成威脅，雖然機率很小，但也必須這樣做。

像對待過敏這種寧可白白麻煩一千次，也不願意冒險一次，可以說滲透到北美人民育兒的各方面。最普遍的就是讓孩子用安全座椅這件事，北美人民真的超級自覺，雖然從理論上說，不讓孩子坐安全座椅是犯法的，但實際上被警察發現的機率非常低（警力有限，街上也沒監視器），想矇混過去絕對可行，但是幾乎所有父母都會乖乖遵守，哪怕小孩哭鬧不止，也絕不會抱著坐車。即便長大上小學了，學校帶小朋友們去郊遊，只要需要搭乘小巴士，老師一定會叮囑他們帶著安全座椅來學校，如果忘了帶，就不可以外出，老師會打電話請家長把孩子接回家，這是基本原則，沒得商量。

還有一件事也要求得很嚴格，就是絕對不允許小孩脫離大人的視線，哪怕只有一秒鐘，因為滿街都是「管家婆」。毛頭一歲多的時候，有一次，我帶著他購物回家，發現他在車上睡著了，我就想先把車上的東西搬進家裡再來抱他，因為他起床氣超大、超難搞。結果剛進屋放完東西回來，就發現車旁站著一位白人鄰居大媽，非常鄭重地和我說：「你絕對絕對不可以把小孩獨自留在車裡，下次再讓我看見你這樣做，我可是會報警的！」嚇得我再也不敢了。

上次我寫過一篇文章，說鼓勵孩子玩泥巴，結果很多讀者留言說：「現在大家都養寵物，很多會有狗大便和各種垃圾什麼的。」對此我只能說：「你以為這些髒東西在北美的土地上就沒有嗎？」這邊貓狗超多的好嗎，雖然會有人清理糞便，但是地面上也會沾啊，看不出來而已。還有各種野生動物，像加拿大鵝（北美的一種黑雁）最喜歡成群結隊地在公園草地上停留，吃完草就滿地拉屎，因為屎是綠色的，踩一腳就看不出來了，然後小孩子就繼續在草地上滾來滾去，那畫面太美我不敢看！但是北美父母好像不太在乎這種事，眼不見為淨，就讓孩子在地上滾，也真是勇敢。

另外就是他們好像從來不怕孩子著涼，秋風瑟瑟的時候，我都穿上外套了，還看到大街上的小嬰兒露著手臂和肥腿，整街穿著短袖、短褲的小孩子在瘋跑，我看了都覺得冷，但人家父母根本不管。就算下著不小的雨，所有學校和幼稚園依然會讓小朋友們穿雨衣到戶外玩，溫哥華的冬天陰雨綿綿，孩子們在學校每天至少被雨淋一小時！好吧，其實他們還是很開心的。

你要問，孩子的衣著這麼不保暖，難道不會感冒嗎？誰知道呢，北美人好像不認為冷和病有什麼關聯。大雪紛飛的日子裡，穿著短褲出來倒垃圾的大叔、大媽比比皆是，有人甚至一年四季都沒穿過長袖也很健康，猜想是從小被爸媽訓練出來的吧。

說到生病，那就要提到北美另一個奇葩之處——醫院，我真的已經無力碎嘴。上次果果在家發燒四天，就有人說我太無所謂了吧，孩子高燒不退難道不用去醫院檢查嗎？

真的不是我願意的，當年我也是一把鼻涕、一把淚的，抱著她連夜跑急診的人啊，實在是被北美的醫院逼到不放寬心都不行了。被攆回來太多次，兒科醫生說的那些話我都背下來了，每次都是問完一大堆問題，就說這個情況沒大礙，回家休息吧，難過就吃退燒藥，多喝水別脫水，會好的。只用肉眼看一下就直接診斷是病毒，自我復原吧！**It is nothing I can do**（我什麼都做不了）！無論你是狂拉肚子兩三天，還是咳嗽一個月，或是流鼻涕流到崩潰，基本上都是這套話。

每次帶小孩去看醫生，都是憋了一肚子髒話回來。好吧，最後孩子確實就沒事了，但這些醫生是不是太隨性了一些啊，難道不怕萬一發生嚴重的併發症嗎？要求全校學生不許帶花生的魄力去哪了？

所以，北美人的育兒風格就是：會出人命的事情，哪怕只有一點點的可能，也要花費大把資源做到滴水不漏；但凡是不會出人命的事情，就好像可有可無了。一開始我也十分不懂，但是時間久了也被同化了，因為周圍的大環境如此，所有人都這樣，就覺得很正常了，有時候看到台灣的媽媽提出一些問題，甚至會受到反向衝擊：

孩子一坐安全座椅就哭怎麼辦？

孩子出門被風一吹就會流鼻涕怎麼辦？

孩子下雨天非要出門怎麼辦？

孩子發燒兩天了還不退怎麼辦？

怎麼辦？到北美這片神奇的土地上住一段時間，你就知道怎麼辦了。當你侷限在周圍親戚朋友的資訊裡時，你就會以為小孩子喝下肚的要是溫熱的才可以、不能被風吹到、不要被雨淋、不可受寒受涼、生病趕緊送醫院是天經地義的，不這樣做就是不負責任。但事實上，世界上還有很多父母根本不把這些當回事，但是他們會對一些你想不到的方面特別重視。

我們不評論哪個地方的做法更好，但是，當你多了解一些異國作風，發現有些你覺得重要無比的事情，很多人並不在乎，也不會發生什麼特別了不得了的大事時，那你的育兒生涯應該會變得輕鬆一些吧。

美國爸媽從不打小孩，為什麼反而守規矩？

正如前面章節提到的，我們亞洲人教育小孩最傳統的觀念，總免不了打跟罵。認為只要孩子不聽話，先權威壓制再怒罵狠打一頓，還有哪個小孩不聽話的嗎？但如果孩子多挨幾頓揍就真的有效，那麼在那些立法禁止體罰孩子的歐美國家，應該滿街都是無法無天搗蛋作亂的熊孩子才對，但事實好像正好相反。

經常有人問橙子：「美國的父母真的不打小孩嗎？」雖然每個州的法律不太一樣，有些州也允許父母用某種特定的方式處罰孩子（打孩子用的棍子多長多粗都規定好了），但是絕大多數家長為了避免麻煩，還是不敢動手，萬一失手打重了，孩子出去亂說，或者身上的傷痕被發現，那是會有失去撫養權的風險的，到時候連見孩子一面都難。有的時候不是不想打，是真的打不起啊！那麼，下一個問題來了：「那些沒被打過的孩子，都聽話嗎？」

美國小孩給人的第一印象確實挺自由奔放、無法無天，無論男孩或女孩，個個都活潑好動，沒有一個乖巧的。如果你經過一個典型的北美國家的兒童遊戲區，你可能會懷疑裡面亂竄的孩子都處於某種半瘋狂狀態。

孩子可以脫鞋子，光腳踩在沙地上亂跑、可以在地上亂爬，滾得滿身都是土、可以放肆地嬉鬧，沒命地追趕奔跑、登高爬低一刻都不停，沒有任何人覺得這有什麼不妥。整個遊戲區看起來極端無序混亂，像一鍋沸騰的粥，隨時會爆炸。

但是說也奇怪，這麼多小朋友在裡頭瘋，卻幾乎沒有什麼衝突發生，他們好像會自動自發地排隊輪流玩，避免肢體碰撞。

為什麼能保持這種喧囂下的和諧呢？因為有人管啊！每個孩子旁邊都有一個成年人在緊緊盯著，手機都不拿出來，就算嘴巴上在和別人聊天，眼睛也一直在盯著孩子，一方面是為了保護他的安全，一方面是看著他的行為，只要發現他可能會侵犯到他人，無論是有心還是無心的，大人一定會在五秒鐘之內做出反應。我記得第一次看到美國父母管教孩子的情景，可以說非常典型。

那時候毛頭還不會走路，有一次，我帶他在社區公園裡遛鞦韆，隨身還帶了一個新的玩具小推車就放在鞦韆旁邊，然後突然跑來了兩個兄弟檔，目測一個三歲、一個五歲的樣子，特別活潑，滿場打鬧喊叫，吵得我都頭痛了。不出所料，那個三歲左右的男孩，很快就看到我擺在旁邊的玩具推車，拿起來就亂摔，才摔第一下，他就被一個胖大嬸拎了起來，並且帶到我面前。「說對不起！」胖大嬸聲音不大，但是語氣很堅定。我連忙擺手說：「不用不用，玩一下不要緊，小孩子嘛！」胖大嬸說：「那可不行，這孩子需要上一課，知道別人的東西不能亂動。」小男孩顯然不太願意，但還是扭扭捏捏地說了聲「sorry（對不起）」，胖大嬸滿意地說了一句「good boy（好孩子）」，才鬆手讓他繼續玩。那兩個小孩依然玩得很瘋，但是他們再也沒碰過我家的推車，而且明顯有意識地與我和毛頭保持一定的距離。

和台灣的孩子相比，美國小孩確實普遍顯得比較「野」。有的興奮起來甚至有點瘋瘋癲癲的，基本看不到沉穩「小大人」的氣息。但是，他們再怎麼瘋，在公共場合都會有基本家教。

他們可能會在公園的泥坑裡亂爬，但是絕對不會在超市橫衝直撞；他們可能會因為情緒失控而大哭，但是絕對不會在安靜場合故意喧譁；他們可能會吃飯吃得滿臉都是，但是絕對不會在吃飯時離開座位亂跑。

他們也會孩子氣十足、會大哭大笑、會莽撞衝動，但是行為舉止卻非常有分寸，甚至內化成一種下意識的習慣。我曾經看到過一個三、四歲的孩子，不知道因為何事哭得上氣不接下氣，但是咳嗽的時候依然記得用手肘掩住鼻子，哽咽地說話時，還記得要有禮貌。

在美國和加拿大一共待了九年多，基本上我沒有在公共場合看到特別煩人的屁孩，就算偶爾有，也會被在旁邊緊緊盯著的家長制止。

而讓孩子有這麼好的家教，並不需要打，美國的爸媽們不光不打孩子，連罵都很少，和孩子說話從來都是溫溫柔柔的，但是對該有的原則卻異常堅持。如果孩子在公共場所行為舉止欠妥又拒絕配合，家長一定會不顧他的哭鬧帶離現場，讓他知道他的行為不被接受。日子久了，不打不罵，孩子就知道該與不該。

所以說，這世界上哪有什麼熊孩子，所謂「孩子小」、「不懂事」、「太淘氣」、「管不了」，都是推脫責任的藉口。

每個在大庭廣眾下喧譁、搞破壞、騷擾他人的熊孩子背後，都有一對不負責任的父母，他們害怕孩子反抗和哭鬧，不想承擔管教的重任和壓力，於是放棄了自己作為爸媽的權威，把本該在家中就解決的問題扯到社會上，讓公眾來承擔教育成本，這才導致了種種屁孩搗蛋的情況。

話雖如此，會這樣放任孩子為所欲為的爸媽肯定也是極少數。但是，一提到管教，很多傳統父母除了打屁股和罵一頓，好像就沒有其他手段了。其實打罵是最差勁的方式，你越是用肢體和語言暴力來「修理」孩子，他就會從你身上學到這種行為，他會認為這麼做是沒問題的，爸爸媽媽都這樣對我，等我長大了，找到比我弱小的對象時，我也可以用暴力發洩我的情緒或者用命令控制他了。

所以，有的父母越是「管教」，越讓孩子的行為問題變得更嚴重。那麼，不打不罵如何教？有些父母總覺得這太難了，但這在美國只是日常。其實哪有什麼妙招，都是日復一日堅持下去的土法煉鋼：

1、要有所行動，別怕孩子哭

規矩就是規矩、底線就是底線，無論他如何哭鬧，侵犯他人就是不被允許。一旦有打人或搶東西等不當行為，第一時間用行動阻止，把他帶離現場，等他情緒平復之後，再和他講道理。

2、批評他的行為，但是要有愛

蹲下來直視孩子的眼睛，用平靜的語氣告訴他：「你是個好孩子，媽媽愛你，但你這個行為是不對的，需要改正，不可以這樣做，如果再這樣做，媽媽就只好帶你回家了。」

3、重複再重複

不要指望你教孩子幾次就能有成果，他做出某些不妥當的行為是因為年齡，需要進行幾個月甚至幾年的教育才能真正有效果。切莫著急，在孩子的心中種下一顆善意的種子，讓時間靜靜灌溉，一定會變好。

總而言之，還是那句話：行為溫柔、態度堅定，缺一不可。如果你行為溫柔，態度不堅定，嬌慣出一個無法無天的熊孩子就是肯定的！如果你很暴力，態度也不堅定，那就是紙老虎，孩子很快就能學會各種方法來搞定你。如果你態度堅定，行為卻很暴力，孩子可能只有在你面前守規矩，但是這樣會嚴重損害親子關係，孩子會習慣壓抑自己、畏縮懦弱，不然就是變得乖張暴戾，離開你的視線範圍就容易失控。

很多時候，輿論總是把更多的焦點集中在熊孩子身上，說這樣的小孩有多可惡。但在我看來，其實就是父母管教不當的現實寫照而已。很多爸媽不懂得科學方法，總是傾向於傳統直覺的對待方式，對孩子的管教呈現兩極化的狀態。

有的放任不管，孩子完全不知道界限和規則，變得無法無天；有的管得太嚴，把孩子逼到害怕父母的程度，壓抑自己內心，偽裝成一副乖巧懂事的樣子，做什麼都要看爸媽眼色，失去了他應有的活潑和童真。

這兩種方式都是不對的。願每個父母都能修煉自己，不僅要教育孩子，還要用正確和科學的方式；願我們的孩子都能清楚瞭解規則和界限所在，習慣用善意待人，在人際關係中獲得快樂。

Orange Baby 19

為了不被孩子氣死，我成了育兒專家

—妳愛孩子有多深，飆罵他們就有多真！最實用的不焦慮養育法

作　　者　橙 子
總 編 輯　于筱芬 CAROL YU, Editor-in-Chief
副總編輯　謝穎昇 EASON HSIEH, Deputy Editor-in-Chief
業務經理　陳順龍 SHUNLONG CHEN, Sales Manager
媒體行銷　張佳懿 KAYLIN CHANG, Social Media Marketing
美術設計　楊雅屏 YANG YAPING
製版／印刷／裝訂　皇甫彩藝印刷股份有限公司

原書名：《最好的養育是不焦慮》
作 者：橙子
本書臺灣繁體版由四川一覽文化傳播廣告有限公司代理，
經中南博集天卷文化傳媒有限公司授權橙實文化有限公司出版

編輯中心
ADD ／桃園市大園區領航北路四段 382-5 號 2 樓
2F., No.382-5, Sec. 4, Linghang N. Rd., Dayuan Dist., Taoyuan City 337, Taiwan (R.O.C.)
TEL ／（886）3-381-1618 FAX ／（886）3-381-1620
MAIL: orangestylish@gmail.com
粉絲團 https://www.facebook.com/OrangeStylish/

全球總經銷
聯合發行股份有限公司
ADD ／新北市新店區寶橋路 235 巷弄 6 弄 6 號 2 樓
TEL ／（886）2-2917-8022　FAX ／（886）2-2915-8614

初版日期 2022 年 11 月